冰雪体育产业的发展
及其发展策略研究

刘雪飞 著

吉林出版集团股份有限公司 | 全国百佳图书出版单位

图书在版编目(CIP)数据

冰雪体育产业的发展及其发展策略研究 / 刘雪飞著
. — 长春：吉林出版集团股份有限公司，2021.12
　　ISBN 978-7-5731-1315-3

　　Ⅰ．①冰… Ⅱ．①刘… Ⅲ．①冰上运动－体育产业－
产业发展－研究－中国②雪上运动－体育产业－产业发展
－研究－中国 Ⅳ．①G862②G863

　　中国版本图书馆 CIP 数据核字(2022)第 000656 号

冰雪体育产业的发展及其发展策略研究
BINGXUE TIYU CHANYE DE FAZHAN JIQI FAZHAN CELÜE YANJIU

著　　者：刘雪飞
出 版 人：吴　强
责任编辑：陈佩雄　王　博
开　　本：787mm×1092mm　1/16
字　　数：219 千字
印　　张：9.25
版　　次：2022 年 6 月第 1 版
印　　次：2022 年 6 月第 1 次印刷

出　　版：吉林出版集团股份有限公司
发　　行：吉林音像出版社有限责任公司
地　　址：长春市福祉大路 5788 号
电　　话：0431－81629674
印　　刷：三河市嵩川印刷有限公司

ISBN 978-7-5731-1315-3　　　　定　价：42.00 元

前　言

进入 21 世纪，我国的体育产业迅速发展，欣欣向荣。随着社会的发展，人们对体育的需求日益增长，体育不再是少数人的专利，也不再是仅仅为了身体健康需要的产品，体育事业的产业化日益完善，体育已经成为一种特殊的可供娱乐的消费品。为了适应人们日益增长的体育消费的需要，专门从事体育服务产品生产和经营的人也越来越多。可以说，体育产业正在成为国家经济发展新的增长点。

在市场经济环境中，体育发展涉及诸多心理学，如体育旅游业、体育消费业、体育彩票业、体育广告业等，这些统称为体育行为心理。从学术概念上分析，心理学是研究人的心理现象和心理规律的科学。人的行动由思想支配，思想动机由需要引起。人的心理与行为目的是直接或间接、自觉或不自觉地满足某种需要。当需要得到满足，行为结束后，又会有新的需要，产生新的动机，引起新的行为。由此可见，需要是人的积极性和主动性的根本动力。体育产业既包括体育比赛项目、运动健身项目，又包括体育行为心理。借助心理学的研究，可以针对体育对象的不同特征，探索能够满足其合理需要的心理策略，从而推进我国体育产业科学化发展。我国体育产业整体上已进入快速启动的发展阶段，体育产业在带动区域经济增长、培育和发展现代服务业、完善中心城市的功能、化解就业压力、提高人民群众生活质量等方面已开始发挥实际的作用。体育产业正在成为我国国民经济新的增长点，并且表现出诱人的发展前景和极大的增长潜力。

基于此，本书从体育产业基本理论入手，对体育产业发展的市场化研究，体育产业结构的构成与优化策略，以及我国冰雪体育竞赛产业化发展策略展开详细的叙述，在编写上突出以下特点：第一，内容丰富、详尽，时代性强。不仅涵盖体育产业基础知识，而且对体育产业市场的运行与营销也有分析。第二，理论与实践结合紧密，结构严谨，条理清晰，重点突出，具有较强的科学性、系统性和指导性。第三，结构编排新颖，表现形式多样，生动形象，便于读者理解掌握。是一本为体育产业工作者及其爱好者量身定做的教育研究参考用书。

在本书的撰写过程中，参阅、借鉴和引用了国内外许多同行的观点和成果。各位同仁的研究奠定了本书的学术基础，对冰雪体育产业的发展及其发展策略研究提供了理论基础，在此一并感谢。另外，受水平和时间所限，书中难免有疏漏和不当之处，敬请读者批评指正。

作　者

2021 年 9 月

目　录

第一章　体育产业概述

第一节　体育产业的概念

一、体育产业

（一）体育产业广义定义

体育产业是那些与体育相关的生产经营部门的总和，范围包括体育健身、比赛竞技、体育传媒、体育博彩业、体育用品经销业等。

通过对其了解，可以发现最大的问题就是外延泛化。具体说就是，生产物质产品的企业也被划到了体育产业的范围，但无法解释以下问题：物质产品的产品属性和服务或者劳务行业的产品属性是完全不同的，不可以相互替换，所以这两类产品与同一商品市场的产品划分标准不符；在生产技术和工艺上，物质产品与服务或劳务产品的不同也非常明显。可以说这种说法不符合经济学原理，也不符合逻辑。

（二）体育产业狭义定义

体育产业是生产和提供体育服务或劳动产品的企业，或者是向全社会提供各种体育服务的行业。这种说法的主要特点有：注重产品的非物质性，存在形式是劳务或服务，满足人们身心需要，生产过程就是消费者参与的过程。

之所以说"体育产业外延的狭义说"和产业经济学理论与逻辑学是相符的，主要是因为以下方面：

以体育服务产品或体育服务的企业为对象的生产和供应，对体育产业同质化的产品属性进行了明确定义，并与一些经济属性相同，其定义和以商品市场为单位的产业在分工规律上是相一致的。

体育运动服务或者说劳务产品在生产过程和技术工艺上也存在着一定的相似性，都以人为尺度，在投入上的需要也较为相似。

体育产业可以划归到第三产业的范畴。

（三）体育产业的体育事业说

体育产业是体育事业在社会主义市场经济条件下的运行。这种说法存在的主要问题是概念不明确，也不符合实际需要。一般地，一种研究都要以具象的现象或是抽象的内容为研究基础，对其进行高度概括。如果我们要把体育产业和体育事业放到同一层级，就会发现这两者完全不是一回事，产业说的是相同类别的经济活动的总和，而事业说的是那些公益性的组织部门的集合。

（四）体育产业的体育事业可赢利部分说

这种说法从实践的角度提出体育产业是体育活动中赚取了经济利益的部分的总和，可以说是体育产业的"赢利部分"。然而，这种说法仍然存在着较多的问题，较为明显的有以下三个方面：

对概念的定义有一些缺陷，对事物性质的过程描述并不等于事物的本质属性特征。

这种定义对新出现的或新成为体育相关部门的产业产生排斥，如现代保龄球、高尔夫服务部门等。

对产业的类型区分和层次存在边界不清的问题。在判定外延结构时只是单纯地将获取经济利益作为评定的唯一标准，并没有对第二次产业和第三次产业的划分规则引起足够的重视，按照这种逻辑，体育产业必然会回到"体育产业外延的广义说"上。

明晰其概念要从狭义与广义层面进行。详细说来就是，体育产业从广义层面来讲，指的是全社会范围内给予体育产品的企业、相关部门的总和，囊括了体育服务业、体育相关产业。体育产业从狭义层面来讲，指的是通过体育劳务的方式给予消费者体育服务产品生产的企业以及相关部门的综合。

从宏观层面来说，体育产业是一种新的产业形态，它随着社会经济的不断发展而出现，是由自给自足的模式向有组织的生产性、消费性、营利性组织运行模式转型的产物。用一句话说，体育产业就是体育用品生产和销售的企业的集合。

二、体育产业的分类

（一）体育本体产业

体育本体产业是体育产业的核心，指的是根据体育自身特性而进行生产、服务的部门，是一种产业部门群。体育本体产业基于体育竞赛市场而形成。体育本体产业整合市场资源促进体育产业的发展，管理资源和体育赛事相关的业务资源。在体育本体产业发展的框架下，由于自身的属性和国内外市场环境的差异，在不同的赛事（包括竞赛表演项目）中建立不同的本体产业链有不同的方式。

体育竞赛市场是一个多层次的概念，研究的角度分为纵向和横向两个。体育本体产业是由各种层次的体育运动比赛市场构成的。在我国，20世纪90年代初，随着体育项目管理体制改革的深入，体育竞赛市场有了长足的发展，实施了各个新制度并适应了商业化的发展，如出现了各个俱乐部和联盟，举办各种锦标赛、大奖赛，为各类体育竞赛市场提供培训等。

（二）体育相关产业

体育相关产业说的是和体育有一定关联的，在其他产业中的生产和经营活动。与体育本体产业最大的不同在于，进行相关经营的并不归体育部门管理。这一类服务覆盖范围很广泛，包括运动场地的修建维护、出租各类体育器材、训练服装的经营、运动功能性饮料和健身瘦身食品的销售、体育比赛中广告和媒体的经营与管理等。它是产品生产与服务部门相结合的横向递进关系结构。这一部分基本上是有形的实体，如体育用品、器材、运动服装、鞋帽等。

（三）体育延伸产业

体育延伸产业说的是体育产业的发展过程中与周围融合形成的综合性的行业集群：与体育沾边，但并不与体育有实质上的联系。最常见的体育延伸产业要数体育彩票了，这部分基本是无形产品，它是一种产业网络，是若干产业链的纵横交错和延伸。

（四）体育边缘产业

体育边缘产业也应属于体育相关产业，体育边缘产业说的是那些为了让主体产业获得更多利润而存在的，进行附属设施和配套项目建设的产业。

例如，为了更好地享受竞技体育比赛或表演，为人们提供餐饮、住宿、纪念品、明星卡等服务。虽然这些业务内容不与运动直接相关，但它们也是本体的体育产业环境的一部分。

三、体育产业的属性

社区里的体育运动设施是社会公益事业的一部分，学校里的体育运动和大众体育是体育产业最基本的组成部分；体育产业是市场的产物，属于社会经济生活中的第三产业。事实上，体育的本质是一种社会生活的人的专题活动，从科学发展观的角度来看，最直接体现了以人为本、人的全面协调和可持续发展，因此需要体育和社会生命体——人，共同发展与培养。在实际条件下，体育和体育产业的成长必须坚持以人为本，以满足高层次的需求——实现身体健康，享受生活，提升生活品质，打造现代生活方式。这是一个共同的任务也是发展体育产业的目标。

人们对体育产业的认知和体育产业的社会属性有不同的看法，这种分歧是一种正常现象，因为对主体认识的差异性，体现在理解上会有所不同。在社会理论领域，特别是在经济学领域，体育产业一般归结为具有服务属性的第三产业。国民经济计划公报也将其列入第三产业（体育事业也属于这一类）。这种现象是正常的，但也是一种传统观点。从历史发展和认识过程看，这是不可避免的，有其特定的原因。

从现代市场经济条件下体育产业的出现、发展和升级来看，把体育作为第三产业（体育和体育产业）分类过于简略，也不太符合体育产业在现实中的实际情况。作为经济社会的众多产业之一，体育产业的结构和运转规律要被众人了解、弄懂并掌握、运用需要一个漫长过程。根据体育产业属性与综合操作规则的结构特点，体育产业不应被归为第三产业。

体育产业集成了独特的属性，它不属于第一产业，也不属于第二、第三产业，可以概括为第四个产业。第四个产业指包括农业产业化属性、技术等多元化的商业信息，又与第一、第二、第三产业具有实质性的不同程度的联系，所以把它放在社会经济生活中的第四个产业是比较科学的。因为它反映了体育产业在市场经济中的独特性，不仅符合科学发展观的基本属性，也符合全面并协调发展的要求，能够可持续地发展下去。并且，体育产业反映了体育在市场经济活动中主体与客体相一致的前提和其相互依存、互相转化的作用。

四、体育产业的特征

（一）体育事业和体育产业

1. 特性和特征的区别

体育事业更偏向福利、社会效益和公益性等方面，以满足社会精神文明的需求为目的。体育产业则更偏向于经济效益，具有商业的属性，相对而言以经济效益为前提。

2. 资金支持不同

从财政方面讲，国家会给事业单位相应的财政拨款，而企业则需要通过自筹或由银行贷款来获得；从税收方面讲，事业单位不需要缴税，而企业则必须缴纳相应的税费。

3. 经济变化的性质

产业经济的性质是商品经济，这主要取决于市场调节。其运作机制以经营为基础，在提高社会效益的基础上继续产生经济效益。

（二）中国国内体育产业的主要特征

1. 高度的空间依赖性

体育行业的企业最先应该考虑的就是为相关的消费者提供专门的体育运动场所，并考虑营业的地理位置等因素。

2. 明显的时间消费模式

只有绝大部分消费者拥有了比较充足的时间的时候，才会开始进行体育消费。

3. 消费水平很高

体育产业的产生以公民拥有相当高的精神娱乐和一定的消费水平为前提。

4. 高要求的品质服务

服务是体育产业最重要的部分之一，体育消费者会花时间和金钱去享受运动，以满足不同的需求，如运动享受和体育锻炼。

第二节　体育产业的相关理论

一、体育产品

（一）体育产品的概念

体育产品在体育产业中就是能够实现人们某些运动需求的产品，这些产品由运动生产活动所生产。以下是体育产品的主要特点：

1. 体育性

体育产品只能产自体育活动，其他活动不会产生。

2. 生产性

体育产品来源于体育生产活动中，它归属于制造活动，是生产产品而不是产品。

3. 劳务性

体育产品是以服务形式提供给消费者的服务产品，是属于第三产业的一种。

4. 满足体育需求性

生产体育产品是为了满足人们的某些运动需求，而这一需求恰好和体育发展水平及体育产业发展密切相关。

（二）体育产品的种类

1. 体育健身休闲产品

所谓体育健身休闲产品就是众多能够实现人们娱乐需求以及健身需求的运动产品，具有广泛的范畴，不仅囊括了体育医疗咨询、健身指导，还包含多种形式的休闲体育服务。

2. 体育竞赛和表演产品

所谓体育竞赛和表演产品是一系列运动或体育运动表演。一般而言，体育竞赛和表演产品的供应商大多为各种营利性或非营利性的组织。在消费体育的过程中，消费者不需要在体育活动中进行直接参与，取而代之的是观看等方式。迄今为止，体育产品的关键构成部分即为体育竞赛和表演产品，其对人们的体育需求发挥了极为关键的推动作用。

3. 体育技术培训产品

体育技术培训产品是一种随着体育赛事的发展，培养运动员或体育人才以提高其能力的一种服务形式。所谓体育技术培训，指的是对体育人才培养的过程，即由体育教师采用特定的训练手段和方式来实施，而培训的手段和方式即为体育技术培训产品，所有体育产品质量的好坏在很大程度上取决于该产品的生产和消费。目前，体育技术培训产品随着竞技体育以及体育竞赛的迅猛发展而增多，科技化水平也越来越高。

（三）体育产品的特征

1. 非实物性

在体育产业概念中提到的运动产品、体育信息产品、运动训练产品、体育竞赛产品以及无形体育资产均为非物质的，这种非物质形式主要取决于运动产品的非物理特性。

2. 生产和消费的相互依存

在体育产业中，体育产品在生产和消费之间具有相辅相成的特征。这个相辅相成的特征必须反映在三个方面：时间、空间和个人参与的体育活动。

(1) 时间

其相辅相成的特性主要体现在生产过程的开始、结束、消费过程当中。由于体育产品以体育服务的形式呈现，一旦体育活动或体育锻炼完成，人们的观看活动或锻炼活动就完成了。例如，在欣赏体育赛事时，人们只保留自己脑海中的回忆、留下门票，该过程不能重复和储备，所以就时间来说，体育产品的生产和消费具有一致性。

(2) 空间

它主要是指体育生产活动，而消费活动往往是在同一个空间进行的，如健身场所和比赛场地。

(3) 体育活动的个人参与

人们需要亲身体验这个过程，无法通过他人实现健身的目标，也不能获得别人观看比赛的喜悦感。所以，体育消费者应该亲临现场并参与其中，以便结束在消费过程中消费体育产品的过程并实现其目标。因此，个人消费者参与体育产品的消费也对体育产品的生产和消费的相辅相成起着关键作用。

3. 需求的水平高

总的来说，人类的需求可以分为三个层次：生存需要、发展需要和发展需要的满足。人们对体育用品的需求是一个高水平的要求，主要体现在以下三个方面：

(1) 对体育产品的需求建立在满足了基本的生存需求的基础上。人们的生活，包括衣、食、住、行，是人们的生存需求，不包括运动需求。这意味着，如果人们离开这项运动，不会对生存产生威胁而只是降低人们的生活质量。所以，在经济生活中，生活需求被定义为低替代产品，几乎没有替代弹性，而替代运动产品的需求相对较高。

(2) 通过对体育产品的需求来获得更高水平的享受。在现实生活中，人们的需求也在不断地变化和发展。当生存得到满足时，人们将开始追求更高水平的享受。这种高度的满意度将包括对生活质量和健康的关注。在提高人们生活质量的过程中，体育产品起到了举足轻重的作用。当人们的可支配收入达到一定水平，对体育竞赛的参与将成为满足人们需求的重要形式。

（3）对体育用品的需求在一定程度上可以满足人们发展的需要，这个功能有两个主要方面。第一，生存的基本需求满足后，人们的意愿会更高，他们对生活质量的要求会更高，如体能、体育教育和身心发展等，运动产品能满足很多人的需求。第二，体育需求可以被看作对人力资本的一项重要投资。人力资本往往被理解为通过人力投资形成的，能够创造稳定的收入。人们对运动产品的消费可以增加他们的体力并复制劳动力。通过对体育产品的消费，可以减少疾病，从而可以减少周转，提高劳动生产率。通过体育用品的消费，可以改善健康状况，延长工作时间。通过对体育产品的消费，人们的压力得以缓解，社会适应能力得以提高。

4. 消费结果的未知性

在体育产业中，主要从以下几个方面来体现体育产品所具有的消费结果的未知性特征。

体育产业以活劳动的形式提供体育产品，其工作特点是不完整的可重复性。因为每一次的劳动过程中，劳动者会受到主客观因素的影响，很难保证工作过程的完全稳定。

体育产品必须为人民服务，而每个人的情况有很大的差异，如同样是"瘦身运动"，由于每个人的体质不同，最后的锻炼结果也会有所不同。

在体育比赛中，高水平竞技比赛很难预测。当顾客购买门票时，没有人能够预测比赛的强度、方向以及结果。

5. 在质量判断上的差异

主要体现在以下两个方面：一方面，在相同的体育赛事中，当观看体育赛事时，观众会根据自己的喜好或知识评判参赛者的表现和比赛结果；另一方面，大部分消费者的需求在娱乐、健身活动中不容易得到满足。

6. "最终产品"特性

供最终消费和使用的产品就是所谓的"最终产品"。在体育产业中，体育产品就属于服务业提供的产品，因而就具有最终产品的特性。体育产品"最终产品"的特性主要表现为中间投入率小和中间需求率小。中间投入率是指各产业的中间投入与总投入之比，其能够将各产业为生产单位产值而需要从其他产业购进中间产品所占的比重反映出来。中间需求率是指各产业产品的中间需求之和。体育产品这种特殊的产品形态，其价值主要是由活劳动消耗构成的原材料消耗的比重较小，因而中间投入率小。除体育的无形资产，大多数体育产品一般是作为其他产业的投入品被购买的，它的消费者主要是企业，而不是个人，不具备最终产品消费的特征。大多数体育产品被作为其他产业投入品的比例很小，所以体育产品又具有中间需求小的特点。因而体育产品具有最终产品的特性，能够使人们的基本需求得到较好的满足。

二、体育市场

(一)体育市场的概念

所谓的体育市场就是在整个社会市场体系中执行其特殊功能的子系统,它的概念有广义与狭义两种。

从广义上讲,所谓的体育市场是指体育产品交换的所有活动的总和。这不仅包括体育服务产品和服务的交换,还关系到产品的运动,如服装、饮料和运动器材以及体育基金、体育人员和其他运动的交流。

从狭义上讲,体育市场是指体育产品直接交易的地方,包括体育活动或监督体育活动。具有代表性的场所——体育馆、游泳池、健身房以及各种收费的体育培训类课程。

(二)体育市场的要素

体育市场的基本要素包括体育消费者、体育消费欲望和体育消费水平。

1. 体育消费者

所谓体育消费者是那些购买消费体育用品的人,其中最具明显特征的有:看体育比赛和节目、购买运动器材和运动服装、参加健身活动的人。

2. 体育消费欲望

所谓的体育消费欲望意味着对体育消费品的消费和需求有一定的欲望。

3. 体育消费水平

体育消费水平是指按一定人口平均的体育实物消费资料和体育服务消费资料的消费数量。在一般情况下,体育消费水平可反映一个国家或地区的经济发展水平。

总之,体育市场的这三个要素是相互联系、相互依存和相互制约的,三者都是不可或缺的。

(三)体育市场的特点

体育市场具有更突出的特点,具体来说,主要体现在三个方面:实物消费品市场、体育服务消费品市场和体育要素市场。

1. 实物消费品市场的特点

所谓的实物消费品市场是一个市场中,提供给消费者的物理运动、物理形态的消费品。一般来说,实物消费品市场有以下特点:

(1)市场的需求有所变化

职业体能消费要求较高,业余要求较低。所以,制造商应该将不同的市场需求作为开发各种消费品的关键基础。

(2)市场需求具有周期性的特点

某项运动可能会在某个特定区域停留一段时间。此时,体育领域对设备的需求将相应增加，而流行期结束后，体育器材的市场需求将会变少。即实物消费品管理者应该捕捉市场需求信息，使生产的商品适销对路。

（3）消费者人数多

参加运动和体育锻炼的人需要一些体育器材，如运动服装和运动器材。这些运动器材属于运动消耗品。因此，体育消费者越多，对实物消费品的市场需求就越大。

2. 体育服务消费品市场的特点

所谓的体育服务消费品市场不提供实物产品。其特点主要表现在以下几个方面：

（1）波动性

受外部或主观因素的影响，其他国家和地区体育用品市场需求波动较大。这种不稳定与一个国家或地区人们的兴趣爱好和社会文化有着一定的联系。体育产业领导者理解并掌握这一特点，才能达到事半功倍的效果。

（2）不平衡性

体育用品的社会需求在很大程度上受社会生产力发展水平和经济发展状况的影响。总的来说，大多数经济发达国家或地区的人对体育用品的市场需求更大。在经济相对落后的地区，市场对体育服务产品的需求相对较弱。因此，体育产业运营管理者应该将这种不平衡作为有针对性的体育管理活动的关键基础。

（3）一致性

体育服务产品在时间和空间上具有一致性。其原因主要是由于体育产品生产商的体育生产也是体育用品产品消费的过程，并且是买家、卖家、制造商和消费者加入的过程。因此，体育产业经营者应充分考虑两方面：一方面是消费体育的数量和质量；另一方面是体育消费者在交通和时间上的便利。

（4）差异性

市场对体育工作或产品的服务需求随时间而变化。通常而言，节假日、晚上对体育工作或产品的服务需求相对较大，同时，天气和季节变化也会对其产生一定的影响。譬如，消暑型的体育劳务或服务产品（水上乐园、游泳池等），在夏天的需求相比冬天来讲较大；而因为天气的变化，如下雨（雪）等，也可能会导致既有的体育消费计划（观看足球比赛等）暂停或取消。所以，从季节和天气的角度来说，需要体育管理者针对此种差异性进行充分的准备，从而取得较好的体育经营效益。

3. 体育要素市场的特点

所谓体育要素市场是对体育事业的发展、资金运动、体育人才和体育技术各种因素形成特殊的市场消费。

（1）体育资金市场的特点

有关组织和部门的经营活动，如体育无形资产的开发、电视转播权的出让、体育债券（股票）、体育彩票以及体育活动等构成体育资金市场。体育资金市场通过现代运动所具有的风度、魅力和吸引力的利用，凭借体育的经济和社会功能，在最大程度上调动企业联合体和社会消费者投资体育。

（2）体育人才市场的特点

体育人才市场主要是指运动员和教练员的市场。体育人才的供给和市场需求往往不会面对面交流，而是由体育人才市场中的经纪人或经纪人组织起来作为中介。

（3）体育技术市场的特点

所谓体育技术市场是体育科技商品的交易市场，目前，创建初期的科技市场的基本内容包括开展研究项目，开展科学研究磋商，出售研究成果，科研专利转让，开展技术咨询，技术服务，技术培训，技术投资，体育和技术科学用品以及其他运动技术产品的开发，其特点决定了体育科技产品的市场不同于整个体育用品市场。具体来说，主要体现在以下几个方面：其一，体育技术市场通常是零售商的垄断市场，往往只有一个供应商，拥有更多的客户；其二，体育技术市场上的运动科技产品通常是一次性的；其三，主要是由供给和需求决定的体育科技产品的价格。

三、体育消费

（一）体育消费的概念

体育消费是指人们用于体育活动及相关方面的消费，如果没有特定的经济基础或现代媒体产业的兴起，体育消费无法得到开发。所以，体育消费是经济发展与传媒产业共同发展的产物。经过一段时间的发展，体育消费已经成为各行业发展的重要推动力，与此同时，作为一个重要因素，它在经济和文化发展中也发挥着重要作用。

在现代生活中，体育消费是人们日常生活的重要组成部分。体育消费是指根据个人需要和条件搜索，购买各种体育用品（服务）的过程中对体育用品的消费。一般来说，体育消费主要由两部分组成。一部分是运动机构和运动队的训练和研究的日常活动的消费，另一部分是各种体育材料的消耗以及满足居民的个人需求和健身需要的个人消费。

体育消费是社会生产力在特定阶段的产品开发。这是对运动功能的新认识。新型消费是闲暇时人们自由选择的一种个人消费形式。随着当代社会的不断发展和闲暇时间的不断增加，人们的生活方式逐渐开始发生变化，开始从锻炼到休闲，这在一定程度上提高了人们的体育消费水平。

（二）体育消费的类型

1. 观赏型消费

人们用钱购买不同的入场券和门票来观看体育比赛，以达到令人身心愉悦的消费行为，这被称为观赏型消费。例如，观看世界杯、超级联赛、世界田径锦标赛等。

2. 实物型消费

人们用钱购买与体育活动相关的不同运动材料，即所谓的实物型消费。例如，购买运动服装、运动护具、运动装备、体育纪念品、体育彩票等都是体育项目的开支。

3. 参与型消费

人们用钱购买参加体育活动的权利并享受相关服务，这就是所谓的体育参与消费。这种类型的消费是体育消费的基本内容，并可以反映体育消费的最佳功能。

在现实生活中，不同类型的体育消费相互交融在一起。在人们的体育消费中，既有参与型和实物型消费，也有观赏型消费。人们通过体育消费丰富他们的精神文化生活，并在一定程度上刺激体育产业的发展。

（三）体育消费的结构

体育消费结构在一定程度上可以反映体育消费的内容、水平和质量。同时，它可以反映人们对体育费用的满意度。

从整个社会或家庭的角度来看，中国体育消费的最基本结构是购买体育服装、体育门票和健身器材的人群的比例。总的来说，居民的体育消费比非体育消费更重要。由于不同地区经济水平的差异，体育消费在东部和南部地区比在西部和北部地区更高。

从客户群体的角度来看，体育消费的结构在很大程度上与大量客户和商业客户之间的关系是成正比的。大众体育的消费者是体育产品的最新用户。消费过程中产生的不同费用是体育市场价值的一部分，而贸易消费主要包括政府机构、赞助商和媒体。商业客户通常不直接参与消费体育产品的过程，而是购买、流通和转换消费体育产品，这是实体市场的另一收入来源。

（四）体育消费的特征

1. 体育特征

体育特征是指客户把体育作为自己的中心，采取各种形式的体育消费，注重运动。人们参与体育消费，尤其是主动地参与体育消费。主动体育消费是一种活跃的体育社会行为，是社会发展的重要标志。

2. 经济学特征

人们参与体育消费主要是通过交换的形式，客户可以通过支付一定数额的现金得到体育产品或某些体育服务，因此，我们可以从经济角度考虑体育消费的特征。由此可以得出结论认为，体育消费具有经济特征。

3. 理性消费特征

人们参与体育消费是一种有意识的、智力的和反复出现的消费行为。

4. 文化特征

人们的体育行为与文化素质密切相关。体育消费者的消费方法反映不同的文化传统。

四、体育资本经营

（一）体育资本经营的概念

在体育经济和社会活动中，旨在增加体育资本价值的经济活动被称为体育资本活动。具体来说，主要是指货币的体育资本和人力资本运动的功能。从某种意义上说，体育资本经营是一种经济资本管理属性的概念，是促进资本运作的体育领域的概念模型的应用。

（二）体育资本经营的特点

与体育的生产经营相比，直接增加体育资本实现体育资本的附加值，就是所谓的体育资本经营通过优化整合体育资本，有效提高运营效率和盈利能力。所谓体育资本的直接运作是基于体育资本的资本化、体育的人力资本和其他因素，并间接控制体育资产属性层面的各种体育资本要素。原则上，管理层体育资本的基础是证券化的体育资本，它可以基于证券化和分配优化的体育活动，有效提高生产率与资本市场的价值。由此可以推论，体育资本管理的特点主要体现在以下几个方面：

1. 体育资本经营的目的方面

体育资本管理的主要目的是增加体育资本回报，因此，体育资本管理需要相应的体育资产的资本化。体育资本经营不仅表现为体育货币资本、体育虚拟资本彩票、产权凭证三种形式，也将其自身特点的体育的人力资本经营表现了出来。

2. 体育资本经营的对象方面

体育资本管理的目的是证券化运动，体现为资本，而不是物质体育用品，这项运动的物质资本可以被证券化的体育资本操纵。例如，资金可被转换成股票、资本和其他有形或无形资产。总的来说，在体育资本管理中，与体育资产的具体使用相关的生产和销售等商业活动之间没有显著的关系。

3. 体育资本经营的核心方面

体育资本管理的本质是运营效率。具体来说，就是如何优化配置，提高体育用品的运作效率、货币体育运动的效率和人力资本的流动性，从而积极推动体育资本的持续增长。在经营条件下，有两种主要形式：一种表现在体育产权交易的实现，低价值资产的出售，预期资产的购买以及创造连续体育资本的结构，另一种是代表特定体育事业的长期持有，持有俱乐部股份的全部或部分，制定正确的战略决策。

（三）体育资本经营的内容

与资本相比，体育资本存在很大差异。具体而言，体育资本的内容主要有两方面：一方面，有不同类型的资本市场现金股权；另一方面，它是各种体育市场、技术和人力资本的虚拟资本。更广泛的意义上讲，体育资本的运作突破了资本运作只存在于企业中的局限性，充分体现了以体育赛事为代表的项目运作。

资本投资和资本项目管理的概念应用到一些体育赛事的经营和管理中。在运营的过程中，展示了银行、保险公司、资本公司和彩票发行商等资本活动的主题，这些主题可以进一步拓宽体育赛事的融资渠道，并帮助将体育活动转变为一个集合不同类型的资本。投融资项目表使体育资本管理效率显著提高，热钱激活。这使得体育资本管理功能具有了无与伦比的生命力。

（四）体育资本经营的作用

1. 可以进一步加快中国体育事业的发展步伐

经过不断的发展，中国体育竞赛取得了令人满意的成绩，规模不断扩大。但是，我们不能忽视中国体育公司存在的一些问题。比如，一些体育俱乐部的利润水平下降并遭受巨大损失，一些与体育结合的公司效率低下，无效甚至负面操作，运行机制不健全。总的来说，造成这些问题的主要原因是缺乏资本概念和资本管理，体育资本管理活动能够积极促进体育人力向资本转换。

2. 有助于体育企业改革和经济增长方式的进一步优化

包括体育资本在内的体育生产要素的组合和利用方式就是所谓的体育经济增长方式。长期以来，在体育领域是实行计划经济体制下的粗放型的增长方式，表现为在体育领域中依靠大量地增加体育生产要素以求体育经济增长，形成了一定的结构性矛盾，具体表现为：资产存量大，体育企业规模小，素质不高，小而全，重复分散，等等。对于此，体育资本经营通过促进资产的流动重组来使体育经济增长方式得到改进和优化。由此，可以将体育资本经营的作用大致归纳为两个方面：一方面是体育产权证券化的作用，具体来说，就是体育资本经营要求在证券化了的资本或按证券化操作的资本基础上进行，这就使体育企业的资产在体育资本市场和体育产权市场流动，从而也为体育资产的重组奠定了较好的基础；另一方面是体育资本经营机制的作用，具体来说，体育资本经营的一个核心指标是体育资本的利税率和体育资本的回报率。为此，体育企业经营者必然会自觉地按体育资本经营的规律操作，这样在体育资本经营机制作用下，长期的粗放经营将会被杜绝，大量资产闲置，长期在低效、无效、负效状态中运行。

3. 对推动现代企业管理制度建设具有积极作用

体育资本管理将对体育运动公司的创建和发展产生有益的影响。建立现代企业制度，为实施体育资本管理奠定了良好的基础。换句话说，现代体育企业制度的创立就是要建立适应市场经济要求，产权明晰，权责明确，政企分开的现代企业制度。标准化的公司治理结构和体育企业的制约机制，使俱乐部等体育公司成为体育市场竞争的真正参与者，使以体育为基础的体育公司为核心，增加体育资本的价值和体育资本的效率，实现收入最大化。所以，体育资本的管理对改善体育领域的现代企业制度具有积极的作用，将对体育公司产生积极影响，明确体育公司的投资主体和整个社会的资本市场。

第三节　体育产业的结构与组织

一、体育产业结构的基本理论

（一）体育产业结构的概念

产业结构是工业经济的重要研究设施之一，体育产业的结构是这个设施的其中一部分。具体来说，体育产业部门之间的技术经济关系与数量关系之间的关系就是所谓的体育产业机构。从这个概念可以看出，从生产技术的角度来看，运动和服务产品的实物生产部门的所有产品之间存在依赖性和局限性。除此之外，体育产业总产值的分布和包括体育资源在内的所有经济资源的分配可以体现在体育产业的结构中。

（二）体育产业的基本结构形态

1. 体育产业的投资结构

各行业体育产业投资总额的分布称为体育产业投资结构。体育产业投资结构具体包括两种：股票结构和不断增长的投资结构。向上投资结构的固化状态是股票结构。在研究体育产业结构的过程中，投资结构的研究必然是不可避免的。调整投资结构是规范体育产业结构的起点。投资结构中两种结构类型的调控对体育产业的整体结构产生了不同的效果。

一方面，对存量结构进行调整是优化体育产业结构的基本内容，具体是指将体育产业内部低效率行业的存量降低，并促进低效率行业向高效率行业流动和重组的实现。另一方面，对增量投资结构进行调整，就会对未来一定时期内体育产业的生产和消费关系、地区分布状况、内部各行业之间此消彼长的关系等情况产生影响，甚至是决定性的影响。不可否认的是，调整增量投资结构是实现存量结构调整的基本手段。

2. 体育产业的产值结构

（1）体育产业产值的外部结构

运动制造业在国内生产总值的总价值的百分比是体育产业输出值的外部结构。体育服务可以满足人们对高品质生活、时尚和个性的需求。人们的需求层次与经济发展成正比，需求水平随着经济的发展而逐渐增加。随着体育产业发展水平的提高，其在国民经济中的地位越发重要。

（2）体育产业产值的内部结构

体育产业生产总值与国内分支机构的比例是体育产业产值的内部结构。在衡量体育产业内部结构时，体育产业产值的内部结构是应该引用的指标。一个国家或地区的体育产业特性可通过体育产业产值的内部结构得到体现。

体育产业和体育是一个有机的整体。应基于本体论产业发展体育产业的整个开发。具体来说，只有健身娱乐行业得到发展，对体育运动服装、器材的需求量才会逐步增加，体育用品行业才能得到一定的发展，只有当竞技体育行业广泛开展，逐步提高体育竞技水平，才能激发人们对体育的热情，越来越多的体育人才会成长并发展体育经济、媒体、广告、游戏、赞助商等相关行业。此外，周边产业的发展也将带动体育本体的开发。

（3）体育产业的就业结构

在所有行业中，全体员工的分布是所谓的产业就业结构。外部和内部就业结构是体育产业就业结构的两种类型。外部就业结构指的是在总就业量中，体育产业吸纳的就业人数所占的比例，而内部就业结构指的是不同行业在体育产业中所吸纳的就业结构比重。一方面，体育产业的发展离不开最重要的经济资源之一，也就是劳动力。任何行业都需要足够数量的高素质的人才，在缺乏劳动力的行业，发展将不可避免地受到影响。另一方面，体育产业本身的需求和技术也会影响体育产业的就业结构。如果公司对体育产业的需求增加，体育产业的就业需求将相应增加。但是，在体育产业的技术发展水平很高的情况下，所需工作量就会减少，并且对劳动力质量的要求也会提高。

（三）体育产业结构的特征

1. 整体性

从系统角度而言，系统的结构指的是系统的不同元件之间的联系，如果这些元素分离，那么这种联系就不可能存在，实际上，系统结构和系统元素是不可分割的。我们不能简单地将系统的结构视为一组简单的元素或元素的融合品。系统结构基本上是不同元素之间关系的总和（如互惠关系、交互等）。系统结构及其运动的本质也是在不同元素的互相影响中形成的。在体系结构的诸多要素中，无法探寻此种体系结构的属性以及运动规律。相对来讲，每个因素的性质和运动取决于系统总体结构的属性和运动规律，其会发挥出限制性和主导性的功用。

体育产业是集体的，组成这个集体的因素有两个部分。一部分是公众体育活动和体育服务，其余都涉及以下活动：在体育产业的各种活动之间的密切联系。不同活动之间的相关性非常强，关系更加复杂。如果体育产业由不同的部分组成，就不会产生很多效果。正因为体育产业是简单元素的集合，其集体效果是非常强的，可以看到体育产业的巨大集体效应是其结构的内在属性。

只有充分整合体育产业结构的要素和环节，全面分析，才能对体育产业结构有一个全面的把握。在整个体育产业结构中，每个要素的生存和发展都依赖其他因素。生成一个元素可能是另一个元素的投入，一个元素的引入也可能是另一个元素的行业目标。从总的角度来看，任何单独的因素都不具备体育经济发展的总体效果。体育产业的整体效应不只是各要素功能的总和，它比每个部分的功能总和要大得多。

2. 自发性

发展和优化产业结构需要保持系统结构的完整性，同时进行有效的转换生成，这就要求产业机构实现自律，这是体育产业机构的自发性特征。

体育产业结构的自我调控指的是通过体育产业经济体制的内在机制，可以对体育产业的结构进行自发的建设，并促进体育产业结构的完善。体育产业处于不断变化的状态中，这主要体现在其结构、内部要素和外部环境等方面，体育产业经济体系中的每个子系统都在不断地自我组织和适应，似乎是操纵这些子系统的"看不见的手"。另外，"看不见的手"主要是由于各子系统之间的协同作用和竞争而产生的。

3. 转换性

事实上，系统结构的"转换"正是生成系统结构的过程。系统结构的构成或加工功能是系统在其规律的控制下，不断对新材料的加工和管理，以反映出其自身新结构的能力。基本上，体育产业的结构问题是资源配置问题。我们可以从资源转换的角度来分析体育产业的结构。换句话说，体育产业通过产业结构的有效运作，不断从外界引进材料、能源和信息，以及在不断地生产和创造各种体育产品方面，处于一定资源之下，满足社会群体的不同需求。体育产业的结构转换是重新调整体育产业内的资源，调整不同部门之间的资源比例，尤其是调整劳动力、资金等行业内不理想的其他子行业运动。相关产业结构变量促进了产业发展，促进了体育产业结构的整体优化。

4. 层次性

一般来说，不管是哪一种系统，都可以分解成多个子系统。而且，任何系统都可以与其他系统组合成为一个更大的系统，体育产业体系也是如此，大型系统包括小型系统，小型系统可以细分为更小的系统。

体育产业的结构是在各种因素综合作用下形成的，许多因素都会限制体育产业结构的形成。因此，体育产业发展的各个阶段都会出现不同程度的产业结构。从体育产业结构层面分析，体育产业结构体系的特征可以从不同的角度发现，这对我们深入研究和认识体育产业的发展现状和结构方向具有重要意义。体育产业水平的结构反映了体育产业结构的优化，这主要是通过分析体育产业结构的属性和质量来实现的。

二、体育产业组织的基本理论

（一）体育市场结构

所谓结构是指构成系统的要素与其特征之间的内在联系。体育市场结构是指体育产业内部市场关系的特征和形式。通常在体育行业内，存在着卖方（企业）之间、买方（企业或消费者）之间、买卖双方之间以及市场已有的买卖方与正在进入或可能进入该市场的买卖方之间在数量、规模、市场份额、利益分配等方面的关系。体育市场中不同市场参与者的地位、作用和比例以及市场上商品交易的特征构成了体育产业市场的结构。

（二）决定体育市场结构的因素

市场集中度、产品差异化、进入和退出壁垒、市场价格的需求弹性、市场需求的增长速度和短期的成本结构共同决定了市场结构。市场集中度、产品差异化和进出障碍是影响市场结构的最重要因素。

1. 市场集中度

市场集中度是用来表示一个特定的行业或市场结构和相对比例的卖方或买方的数量指标。由于市场集中度可以反映垄断和集中在特定的行业或市场的程度，市场集中度是影响市场结构的主要因素。买方集中现象通常只发生在某些特定行业。因此，当人们研究市场结构时，主要研究零售商的集中度。

市场集中程度取决于许多复杂因素，如公司规模、市场容量规模，行业壁垒高度以及横向并购的自由度。通常人们认为，公司的规模和市场容量是决定市场集中度的主要因素。首先，如果一个行业的市场容量保持不变，一些公司的比例越高，市场集中度就越高。总的来说，扩张公司有内在的冲击。为了实现规模经济，公司尝试降低单位产品的销售成本，扩大生产规模，增加市场份额，在行业中形成一定的垄断力量，从而为获取垄断利润创造条件。公司规模的扩大经常被公众看作企业家能力的标志，扩大公司规模将成为企业家积极追求技术进步，是企业规模扩大的重要推动力，技术进步的突出表现是新的机器设备、新的生产工艺的使用，这使得生产效率大大提高，企业规模也因此而迅速扩大。特别是，在一定的时间期限内，独家技术进步很可能使公司的规模扩大，加快公司的成长，尽管为了保持经济的活力，许多国家都会制定反垄断法规，对大规模的企业联合和兼并行为进行限制。但是，经济全球化使每一个国家的企业都要面临不同国家同类企业的竞争，为了提高国内企业的国际竞争力，政府应该放松对企业并购的限制，甚至采取措施建立具有较强竞争力的巨型跨国公司。其次，市场容量的变化会影响相反方向的市场集中度，通常情况下，当市场容量减少或没有改变时，大公司会试图加强并购以获得更大的市场垄断力量来取得更多的收益。相反，市场容量增长将有助于降低市场集中度。当然，当市场容量扩大，大企业都处于竞争的优势地位时，往往会获得扩张的最有利时机。如果市场容量的增长速度比大企业高，那么市场集中度可能会减少。这导致市场容量的变化在很大程度上取决于经济发展的步伐、居民收入水平和消费结构的变化以及国家的宏观经济政策。

运用市场集中度原则对体育市场结构进行分析，会发现体育市场集中度呈现两个主要特征：一是竞技体育经营业、体育用品业、体育广告业市场集中度高于大多数产业部门的市场集中度。竞技体育经营业基本形成了完全垄断的市场结构和寡头垄断的市场结构，在大部分赛事组织上是由一家赛事组织机构完全控制或在区域范围内由几家赛事组织机构分别控制，因而市场集中度可以达到100％。体育用品业市场集中度也非常高。二是体育、休闲和健身市场的集中度非常低。运动休闲市场的典型特征是，客户的要求多样且复杂。

少数公司很难满足具有不同需求偏好的大量体育消费者的需求。在这样的市场中，企业只能进行严肃的市场细分，结合体育人口的空间分布，选择最有利的商业方向，并确定企业位置的最佳水平，否则难以生存和发展。体育休闲健身市场的特点也决定了大资本不可能进入这一领域，其结果是，这个市场的集中度在一个非常低的水平。

2. 产品差别化

市场集中度可能不能完全反映垄断与行业组织的竞争程度。因为产品差异化程度是非常重要的，即使市场集中度较高，也会显示激烈竞争的特征。

产品差异意味着，当公司向消费者提供产品时，通过各种方法创造出引发消费者偏好的特异性，以便消费者能够有效地将其与其他竞争性公司提供的类似产品区分开来，从而在激烈的市场竞争中取得优势。通过对产品差异化战略的实施，影响消费者的购买行为，并创建消费偏好和忠诚度。产品差异化形成的途径特别多，主要包括加大研发力度以便及时优化产品的结构、功能和质量，设计产品的独特外观，提供更具体、高质量的服务，利用不同的分销渠道或新的独特的广告和促销活动。产品差异化的核心就是形成可区别性和不可替代性，市场结构将逐渐向垄断竞争的市场结构发展。最终，这也会导致寡头垄断和垄断市场结构。产品差异化的市场结构的直接影响主要有两个方面：一是公司可以维持或提高公司的市场份额和市场集中度，扩大产品差异化的规模，上位企业的垄断程度得以维持或提高，即使规模较小的下位企业也会因此改变自己在整个行业中的地位；二是现有企业产品差异化战略的实施可以培养消费者的偏好和对公司产品的忠诚度。这实际上给新公司试图进入市场制造了一定的障碍。

体育产业作为一个重要的产业门类，同样存在着产品差别性问题，并且有着自己的特点，这就是体育产业的特殊性。从竞技体育经营业来看，不同赛事组织者提供的体育服务产品是有差别的，如足球世界杯与奥运会就在内容和形式上有着许多不同，但这类赛事有相当程度的替代性关系。所以，国际奥委会与国际足联通过协商把比赛时间和比赛地点进行调整，避免双方对体育消费者的争夺。欧洲三大足球赛事之间尽管存在差别，但同样存在较高程度的替代性关系。此外，处于同一联赛的俱乐部，为了争夺观众和电视转播权，会采取多种多样的产品差异化策略，如引进超一流体育明星加盟、组建表演水平很高的啦啦队、赛场环境个性独特和热烈的气氛营造、提供消费者的附加消费等，保证更多特色性的产品，从而使产品的差别程度和市场的集中度提高。

相对于竞技体育经营业市场来说，体育休闲健身市场的产品差别性程度要高很多，原因是体育休闲健身产业所面对的消费者特点是数量庞大，并且消费者的兴趣各不相同，居住不集中，喜欢就近消费。这就必须满足不同消费者多样化的需求，提供不同的体育休闲健身产品。例如，我国东部发达地区的体育休闲健身企业提供的体育休闲健身项目要达到20种以上，而且每年都会有一些新的项目被开发出来，以供消费者消费。

3. 市场进入壁垒与退出壁垒

根据产业经济学的分析，市场进入壁垒和退出壁垒考察了新企业与原产业企业之间的竞争关系，以及新企业进入市场后市场结构的调整和变化。市场进入壁垒和退出壁垒反映了特定市场潜在的、动态的竞争和垄断程度。所谓进入壁垒，指的是在和之前的企业进行竞争的过程中，新的或潜在的企业遭遇到对其不利的因素，这些因素主要包括组织进入、政策法律制度、产品差异化、规模经济、绝对成本优势绝。对成本优势指的是基于固定产量，相较于新的或潜在的企业来讲，当前既有企业可以用较低的成本生产出相同的产品，因为原企业成本低，新企业进入市场后与原有企业相比，处于竞争劣势，原企业的绝对成本优势主要来源于对优良生产技术的控制，优先获取先进的稀缺资源的能力，包括管理能力以及从供应商获得更优惠价格的原料等。投入要素的能力：规模经济壁垒使新企业在竞争中处于劣势地位，比原有企业生产成本要高很多，原因是新企业进入某一产业初期时很难形成规模经济。在产品差别化程度较高的行业中，构成进入壁垒的一个更为重要的因素就是产品差别。经过长期努力的原有企业已经形成有较高知名度和美誉度的品牌，拥有具有很高忠诚度的消费者群，新企业要突破产品差别化壁垒，从原有企业那里争取消费者，要付出很高的销售成本，政府的政策与法律同样会构筑新企业进入的壁垒，如政府给予原有企业的进出口许可证，差别性的专利制度和税收壁垒以及政府制定的产业规模，控制政策都会成为新企业进入的壁垒。此外，阻止新企业进入的还有在寡头垄断行业中寡头们所实施的利润率控制措施，以及针对新企业制定的歧视性价格等方式和行为。

退出壁垒是指企业难以退出某一产业部门的情况，无论是主动还是被动。退出壁垒主要有资产的专用性和沉没成本、解雇费用和政府政策法规限制。一般情况下，资产的专用性越强，沉没成本就越大，而企业就越难以退出，企业如果要退出某一产业部门，就必须解雇工人，所以必须支付数额很大的退职金、解雇工资，即使继续留用工人，也要支付相当数量的转岗培训费用。为了阻止其退出，一些公用事业部门、特许经营部门会被政府制定特殊政策法规，

体育市场的进入壁垒和退出壁垒有两种极端的情况存在。体育赛事市场是进入壁垒和退出壁垒都很高的市场，而体育休闲健身市场则是进入壁垒和退出壁垒很低的市场。体育赛事市场的寡头垄断的市场结构特征和完全垄断的市场结构特征主要是通过很高的市场进入壁垒和退出壁垒体现出来。详细的章程和各种规则是所有的具有重要影响的赛事组织机构必不可少的，并制定了严格限制进入和退出体育赛事市场的规定。所有的成员组织和运动员必须严格遵守这些章程和规则的要求，否则将会受到严厉的惩处。对成员单位而言，如果违背了有关规定，将会受到取消会员资格、停止各种活动、断绝经费支持、处以巨额罚款等多种形式的惩处。运动员如果违背了有关规定，也会受到停赛、禁赛、终身禁赛、罚款等形式的处罚，一旦想退出的话十分困难，坚决退出则会面临很高的风险。体育休闲健身市场跟其他大众服务业相似，企业数量多、规模小，企业自身难以设置进入壁垒，政府的产业政策往往又是持鼓励态度。所以，这类市场的进入壁垒和退出壁垒非常低。

（三）体育市场行为

体育市场行为是指体育企业和体育组织为了实现最大的利润目标或者更高的市场份额而采取的适应市场供求关系变化的战略决策行为。体育市场结构的现状和特点将制约体育市场的行为，而体育市场的行为将影响和改变体育市场结构的状态和特征。

1. 体育市场的竞争行为

（1）定价行为

体育组织或体育企业的市场定价行为由于其目标的不同，所采用的定价方式也会有较大差异。如果体育组织或体育企业的目标主要是实现最大化的利润，可能主要采取成本加利润的定价模式、价格领先制定价模式，如果体育组织或体育企业的目标主要是追求更高的市场占有率，则主要采取降价策略为主的竞争性定价模式。

在体育市场上，如果市场竞争程度不高，许多企业都会采取最为简单的成本加利润定价模式。成本加利润定价法就是在平均成本的基础上加上一个预期利润水平的定价方法。这种定价方法计算非常简单，如果市场竞争不够激烈，市场供求关系又比较稳定，通过实施成本加利润定价法，企业就能够达到预期的利润水平。但是，这种方法又是一种单边的主观定价行为，在激烈竞争的市场环境中，有可能完全失效。例如，体育休闲健身市场在许多地方一旦发展起来，由于企业提供的产品具有较高程度的替代性，为获取更大市场范围所进行的市场竞争就会非常激烈，其中价格竞争是最主要的竞争手段之一，成本加利润的定价方法就很难适应这种市场环境。从国内外的经验来看，在竞争比较充分的市场上，企业更多采用的是习惯定价法、按竞争性产品价格定价法、按生产能力定价法、比较定价法、区域定价法等。

（2）广告行为

广告行为是企业普遍采用的非价格竞争行为，向消费者提供产品信息，引入产品功能，引导消费者购买。广告分为信息性广告和劝说性广告。信息性广告主要是为消费者提供产品的价格信息、产品的功能和特点、销售的地点和方式、售后服务等，劝说性广告主要是为了使消费者建立起产品差别性认识并形成对产品的良好感觉，从而影响潜在消费者的消费决策。劝说性广告在一些情况下有可能掩盖信息，迷惑消费者，把无差别产品当作差别产品。

在体育市场上，企业的广告行为既具有所有企业广告行为的一般特征，也具有自己的特殊性。除了竞技体育经营业以外，其他体育产业部门的广告行为也符合企业广告行为的一般特征，只是这些体育产业部门的广告能够更多地利用名人效应和赛事效应。例如，体育服装鞋帽制造企业或者签约一些国际级别受到人们普遍喜爱的体育巨星作为代言人，或者作为赞助商在一些重大的国际比赛赛场、世界著名的联赛赛场进行产品推广，从而极大地增加了产品品牌的知名度和产品销售量。

体育市场上比较复杂的是竞技体育经营业的广告行为。一是大型体育赛事既需要通过广告进行广泛的宣传，又是其他企业广告宣传的载体。这个特征是生产物质产品企业的经营活动所无法具备的。大型体育赛事的组织者为了吸引更多的体育消费者观赏体育比赛，必须对赛事进行广泛宣传以取得最大化的利润。体育比赛一旦举行，马上会成为现场体育观众和电视观众关注的焦点，所以许多大型企业为了获得赛场广告权，宁可重金资助体育赛事。对电视观众来说，精彩、激烈的体育赛事有着巨大的吸引力，这又是电视台插播广告的最好机会，所以为了电视转播权，电视台会不惜重金购买赛事的转播权。因此，竞技体育经营业的广告行为实际上是在与广告媒体的商业合作中实现的，而不需要投入巨额的广告费用。体育赛事组织机构最重要的工作是提供最为精彩的赛事并对媒体企业进行销售推广。二是大型体育赛事往往会得到政府的高度重视和支持。大型体育赛事被许多国家或者城市当作宣传自己国家或城市的一个重要平台和名片，甚至会当作拉动相关产业发展的重要动力，所以政府也会利用自己的宣传工具和手段为这些赛事进行广泛的宣传。这就大量节省了赛事组织机构的广告成本。三是大型赛事一旦被广大体育消费者所认可并形成对全社会有广泛影响力的品牌，每一个体育消费者事实上也就成为一个广告宣传者，这也就降低了大规模广告宣传的必要性。尽管如此，任何体育赛事也都需要体育赛事组织机构运用多种广告形式进行赛事推广，这还是要支付一定费用的。

（3）兼并行为

企业兼并行为是指两个以上的企业在自愿基础上依据法律规定通过订立契约而结合成为一个新的企业的组织调整行为。由于企业兼并行为使市场集中度得到较大幅度的提高，市场进入壁垒的程度有所增加，所以兼并后的企业能够获得更为强大的市场支配力量并导致垄断的出现。所以，人们一般认为以企业兼并为主的企业组织调整行为是对市场关系影响最大的市场行为。

企业兼并行为有横向兼并、纵向兼并、混合兼并三种类型。

横向兼并也叫水平兼并，实行兼并的企业属于一种产业、生产一类产品或处于一种加工工艺阶段。在体育产业内部，横向兼并经常发生，如许多著名的体育用品生产企业都是在不断兼并生产同类产品的其他企业的基础上逐步成长起来的。在竞技体育经营业中横向兼并相对要少一些，但也时有发生，如 NBA 联盟中的许多球队就兼并过低一层次的球队。

纵向兼并也叫垂直兼并，实行兼并的企业之间存在前向或后向的联系，分别处于生产和流通的不同阶段。这种兼并方式在竞技体育经营业中比较普遍，一些体育用品或体育设施制造企业对职业俱乐部的兼并、一些著名的职业俱乐部对体育用品零售企业的兼并都属于这种类型。

混合兼并也叫复合兼并，是指属于不同产业、生产工艺上没有联系、产品完全不同的企业之间的兼并。例如，英国著名的胶片生产公司 API 公司对美国 DC 联队的收购，英国投资公司对苏格兰、意大利、捷克、希腊、法国等国家足球俱乐部的收购，都属于这种类型。

现实的体育市场上的企业兼并行为在许多情况下是难以区分属于哪一种类型的，20世纪 90 年代以来，体育市场上掀起的企业兼并浪潮，也说明了体育市场上的企业兼并行为同样具有高度的复杂化特征。

2．体育市场的协调行为

体育市场的协调行为是指体育市场上的体育企业或组织为了某些共同的目的而采用互相调节的市场行为。在体育市场上，有两种最基本的市场关系——竞争和合作。在很多情况下，体育组织之间、体育企业之间因各自的利益而展开激烈的竞争，但为了避免因过于激烈的竞争导致两败俱伤的局面，它又不得不相互妥协以达到对各方都有利的目标。体育市场的协调行为并不是体育组织之间或企业之间通过艰苦的谈判达成协定或契约来实现的，一般采取的是共谋的形式。这主要是因为除了竞技体育经营业以外的其他产业领域在许多国家都要受到反垄断法规的约束。体育市场的协调行为主要有价格协调和非价格协调两种形式。

（四）体育市场绩效

所谓体育市场绩效，是指基于特定体育市场结构，采取特定的市场行为促使体育产业在诸多方面获得市场经济效益，这些方面囊括技术进步与产品质量、成本与价格、品种与产量以及利润等。从本质上讲，体育市场绩效一定程度上体现了体育市场运作效率以及资源配置的好与坏。

产业组织理论在研究市场绩效时是基于社会的角度来考虑的，认为如果以效率为标准，从抽象的分析来判断，最有效率的经济就是完全竞争的经济。而使经济偏离完全竞争的经济状态的原因是垄断，会造成效率的损失。市场绩效本身包含着价值判断问题，因而具有高度的复杂性。经济学家通常采用的方法是在假定企业的唯一目标是追求利润最大化的情况下讨论抽象的企业经济效率，主要是判断产业的效率在多大程度上接近完全竞争状态。一是利润率的高低。通常衡量市场绩效的指标是利润率。因为在完全竞争的市场上，资源配置最优，社会效率最高，企业只能获得正常利润，并且企业利润率趋向平均化。所以，企业利润率的高低和是否存在平均利润率就体现出产业组织的市场绩效。二是价格成本差。价格成本差实际上就是勒纳指数和贝恩指数。这两个指数分别从不同角度反映了市场集中的程度和垄断势力的强弱，从而能够体现这种市场结构对完全竞争的市场结构的偏离程度。因为市场结构和市场行为综合反映了市场绩效，所以仅仅停留在上述层面的评价是远远不够的，市场绩效评价只有充分考虑相互矛盾、相互影响的资源配置效率、技术进步、社会福利水平、社会公平等多个因素，密切结合市场的真实情况，综合评估资源配置效率、产业的规模结构效率、技术进步程度三个方面，才能对市场绩效进行有效评价。对体育市场绩效的评价同样必须基于这三个方面。

1．体育市场的资源配置效率

资源配置效率的主要体现是社会总效用或者社会总剩余的最大化，也就是社会福利的最大化。在对资源配置效率进行评价时，经济学家一般用消费者剩余、生产者剩余和社会总剩余来衡量资源配置效率的状况。消费者剩余是指消费者按照一定价格从所购买的某一商品中获得的效用减去为此所支付的价格之后的净得利益。生产者剩余是指企业的销售收入与生产费用的差额。社会总剩余是消费者剩余和生产者剩余之和。经济学家认为，如果市场机制运转良好，市场竞争充分，资源配置的效率就比较高。反之，如果市场竞争不够充分，市场垄断程度比较高，资源配置的效率就比较低。经济学分析表明，与完全竞争的市场相比较，垄断企业通常以较高的价格和较低的产量供给产品，从而攫取了相当部分的消费者剩余，导致了社会福利水平的下降。此外，垄断企业为了谋取和维持其垄断地位还会采取诸如大量的广告、提高进入壁垒的程度、特殊的产品差异化策略等措施，并为此支付巨额的费用，这种不是产品生产和销售所必需的开支，客观上会加重消费者的负担，同样是社会资源的浪费。

在体育产业发展的过程中，体育组织和体育企业作为市场经济条件下的一种特殊的企业类型，与其他企业一样是预算约束下的市场主体，把追求利润最大化作为企业经营的基本目标，所以衡量体育市场的资源配置效率，必须以社会福利的最大化作为最根本的尺度，也就是要考察体育资源的配置是否能够或者最大限度地实现有限的体育资源的最佳配置，是否能够使生产者实现利润最大化，是否能够使消费者实现剩余最大化或者最大限度满足考察体育市场的资源配置效率，要从四方面入手。一是要考察产业的利润率。体育市场的竞争越是充分，体育资源在企业间的自由流动越容易，企业平均利润率越低，平均化程度越高，体育消费者能够获得的福利也就越是趋于最大化。事实上，考查体育产业的利润率，在一定水平上能够明确地推断体育市场对完全竞争市场的远离程度，进而就会知道体育消费者所获的利益与最大化利益之间的差异。二是要考察进入壁垒的程度和市场集中度，进而推断市场竞争是不是充分。三是要考察政府对市场的干预程度，进而推断市场机制是不是被扭曲，是不是存在市场失灵的状况。四是要考察消费者对体育产品的需求情况，进而推断体育产业给消费者带来的效用或利益有多大。

2. 体育产业的规模结构效率

产业的规模结构效率也叫产业组织的技术效率。因为规模经济的存在，体育资源的利用效率被各种体育资源在体育产业内部的分配状况所影响。体育产业的规模结构效率是指体育资源的利用状况，是从体育产业内部规模经济的实现程度的角度来考虑的，主要包括三个方面。一是实现经济规模的程度。在现实经济生活中，没有一个产业的所有企业都完全符合规模经济的要求。根据贝恩对美国二十个产业的调查研究，即使美国这样经济高度发达的国家的大多数产业中，仍然有10％～30％的产品产量来自非规模经济的企业。这些企业利润率比较低，有的尽管长期亏损，但仍不退出市场，继续进行生产。同时，在部分产业中存在超经济规模的过度集中，有一些大企业经营成本明显高于规模较小的企业。体育产业中的许多经营领域同样存在未达到经济规模的产品生产和供给者，特别是体育休闲健身业，这种情况十分普遍，许多虽然企业规模很小，但是运营成本很高，这就影响了体育资源配置的效率。体育场馆经营业中供过于求的问题在体育产业中相对比较严重，如我国许多城市的体育场馆能够充分利用的不足 50％，在大多数时间，存在比较严重的设施闲置。二是经济的合理垂直结合及实现程度。体育产业发展过程中，各个具体产业门类之间存在一定程度的连续流程性质的先后向关联，这些产业部门之间必须有一个合适的比例，包括体育产业规模结构效率或内部结构的合理化。一般来说，用垂直产出占生产的各个阶段产出的比例来表示经济规模的垂直程度。三是企业规模能力的运用。主要有两种情况：一些企业市场集中度低，缺乏规模经济，并有各种程度的设施搁置和利润率低；一些企业已达到规模经济水平，但设施仍然没有得到充分利用。

3. 技术进步的程度

广义层面的产业技术进步囊括摒除劳动投入、资本投入之外的全部有利于经济发展的因素；狭义上的产业技术进步则是指产业之中的创新、创造以及技术转移。在产业组织的生产行为和结构的诸多层面都能够体现出技术进步，产业的技术特性与产品具有紧密的联系，大容量、高效率的技术发展与必要的资本壁垒和经济规模相关，技术进步的类型、程度和条件都与企业的兼并和产业集群化发展存在密切的关系。技术进步程度主要反映经济效率的动态性，是衡量市场绩效的重要标准。

体育产业由于其所具有的高度竞争性和所提供服务的消费者直接感受的特征，从一开始就与技术进步和创新紧密关联在一起。竞技体育的训练水平、比赛成绩、场馆设施、运动装备无不充分体现着技术进步和创新，也正是不断的技术进步和创新活动，使竞技体育的观赏性大大提高，体育消费者获得极大的满足。体育休闲健身产业源于不断的技术进步和创新，使广大的参与性体育消费者获得了内容更为丰富、方式更为多样、效果更为明显的休闲健身消费。其他体育产业门类更是与技术进步和创新活动密切相关。从总体来看，体育产业的技术进步程度主要通过体育产业的增长和体育消费者所获的福利增长体现出来。

第二章　体育产业结构的构成与优化策略

第一节　体育产业结构的构成

一、行业结构

产业的行业结构指的是国民经济中产业内部各生产行业之间，在社会再生产过程中相互联系、相互制约的比例关系与有机结合体。而体育产业的行业结构就是按照体育产品的各自生产、流通、交换、分配使用的过程中所形成的劳动形式与价值实现方式的不同而确定的有机结合体。体育产业行业结构是体育产业结构的有机组成部分，它能够对体育产业的结构有一定程度的反映，即体育产品与相应服务在不同体育行业之间相互联系的流转过程与比例关系。行业结构的形成建立在社会分工与协作的基础上，因此体育产业的行业结构就是体育生产和服务的社会化、专业化、协作化相互作用和发展的结果。具体来讲，根据不同的划分依据可以将行业结构的构成进行不同的划分。

（一）按不同劳动形式与价值实现方式划分

体育产业内部的行业结构可分为两大门类：第一个门类为体育服务业，其体育产品为非实物产品，包括健身娱乐业、体育场地服务业、竞赛表演业等；第二个门类为体育用品业，其体育产品主要是实物产品，包括了体育用品制造业、体育用品销售业等。

在当前阶段，我国体育产业虽然得到了很大的发展，但是由于起点比较低，因此总体的发展水平仍然不够高，总体水平和人均水平与西方体育产业发达国家相比还存在着不小的差距。但是，我国经济发达地区与西方发达国家相比，其体育产业的差距正在不断缩小。

我国体育产业发展水平在不同的地区也存在着很大的差异，其中西部地区的体育产业明显落后于东部地区。例如，浙江、辽宁以体育用品为主，而四川、安徽则以体育服务业为主，并且以体育健身娱乐业占主导地位。

(二) 从体育本质的角度划分

体育产业的行业结构还可分为职业体育产业、健康体育产业两大类。它们包含了所有体育产业的不同行业，是体育产业发展过程中最为有力的支撑。

职业体育产业是以职业体育俱乐部为主要经营形式的体育产业，通过向体育消费者（观众或者听众）提供以娱乐为主的体育产品（体育竞技活动）来获得相应报酬的一种经营活动。在职业体育中，运动员自身已经成为一种物化了的体育产品，已经完全被商品化，运动员自身的价值可以通过经济形式体现出来，而竞技水平是决定运动员自身价值的一个主要因素。对于职业俱乐部来讲，其经济报酬的获得主要是通过门票收入、转播费、体育广告费等形式，如欧洲的职业足球联赛就是非常成功的例子。

健康体育产业是在社会经济进入高速发展的大环境下，以健康与体育有机结合形成的一种体育产业。作为健康体育产业的支撑，健康体育早已进入人们的日常生活，并且发展成为其中不可缺少的组成部分。健康体育的活动范围非常广泛，不仅包含锻炼身体、增强体质的目的，同时还包含休闲娱乐、陶冶情操的目的。我国的健康体育与竞技体育一样都经历了国家主导下的健康体育事业向社会健康体育福利的过渡，通过事业、福利、与产业发展并存的磨合，最终走向产业化的发展道路。如今，健康体育已经发展成为我国体育产业的一个重要支撑点。随着科学技术的不断发展以及社会经济、物质基础的不断提升，尤其是国际政治经济的不断变化，健康体育作为一种国家健康体育发展事业的政府行为将逐渐淡化，并且最终将会被社会健康体育福利事业完全代替，进入社会健康福利事业和健康体育产业同步协调发展的新时期。我国的健康体育产业已经形成不可动摇的产业地位，同时还拥有相应的健康体育消费群体。

二、产品结构

产品结构是体育产业内部结构中最基础、最广泛的层次。由于体育产品本身是各种经济资源的凝结形态，其结构的变化最终可以集中反映出体育产业的现实状况。从本质上来讲，体育产业的结构变动与转换是体育产品结构要素的变化，也就是体育产品的种类、规模、质量等结构变动的结果，因此，体育产品结构的合理性是整个体育产业结构变化与发展趋势的出发点与重要突破口。

根据产品的物质形态来划分，体育产品结构包括有形结构与无形结构两种类型。其中，有形产品结构主要表现为体育产品的物化形式，如体育用品制造业、体育建筑业等提供的有形体育产品。无形产品结构主要表现为体育劳务形态，如体育竞赛表演业、体育培训业等提供的无形体育产品。

我国当下有形的体育产品基本上可以满足市场的需求，其中一些产品还出现了供大于求的情况。例如，我国的体育服装产品在近些年实现了很大的发展，同时还打造出李宁、安踏等名牌产品。而除这些专业运动服生产厂家之外，很多其他的大型服装厂家也生产运动服装，这就使得我国市场上体育服装产品的产出出现了一定程度的过剩。对于无形体育产品，即体育劳务，具体也可以划分为两类：一类是参与性的体育劳务产品，另一类是观赏性的体育劳务产品，下面就对其中的无形体育产品进行具体分析。

无形体育产品中的参与性体育劳务产品的生产者是体育场地服务业、体育健身娱乐业、体育康复保健业等。由于国家对体育各部门的管理各有侧重，对于这些部门的投入并不多，同时也没有太多的优惠发展政策，这就造成了参与性体育劳务产品产出较少，没有形成大的规模。在当前发展阶段，我国参与性体育劳务产品不能够很好地满足市场的客观需求，其中以体育场地服务业最为突出。

众所周知，体育场地设施是体育开展的物质基础。对于体育产业来说，直接影响着人们的体育参与以及体育消费。新建的各种体育场地的总数量相对于总的人口来说还比较少，并不能很好地满足人们对于体育场地的需求。与此同时，这些新建的体育场地功能较为单一，很多场地都不能够适应各种新兴体育项目的开展。由此可见，我国的体育场地服务业存在着严重的供不应求的局面。而正是由于我国当前这种参与性体育产品结构的不合理，才造成了我国相当一部分的体育锻炼者不能够在正规的体育运动训练场地进行体育锻炼，所进行的锻炼活动大多缺乏科学性。

三、就业结构

就业结构是由劳动力结构与产业结构两个方面要素相结合所组成的一个可比性要素。

纵观世界各国经济发展的历史可以发现，劳动力这种资源与资本存在着很多共通之处：劳动力进入到哪个产业，哪个产业就会得到一定程度的加强，同时也得到了自身发展的条件，如果不具备充足的劳动力，那么该产业就得不到很好的发展。但是，劳动力本身又具有很强的可塑性，不仅存在着质与量的区别，同时还有结构层次方面的不同之处，同等数量不同质量的劳动力对产业所产生的影响存在很大的不同。世界不同国家体育产业发展的不同状况也表明，劳动力的流向与结构的变化对于体育产业结构的调整与变化趋势起着很大的制约作用。

体育产业的就业结构与我国劳动力结构的特点之间存在着密切的关联。总的来看，我国劳动力结构的特点表现为供给量过大，就业率高，但是经济效率相对较低，且劳动力素质不高。劳动力素质低必然会对生产效率的提高造成很大的制约，从而会对我国整个就业结构产生很大的影响。并且当前我国所实行的社会主义制度使就业人口在总的劳动供给人口中所占比例非常高，这必然会导致传统产业中劳动力相对过剩，而像体育产业这种新兴产业劳动力的供给相对不足。

随着体育产业对我国社会经济的贡献越来越大，我国从事体育产业的人员数量也在持续增加。而在其他国家，体育产业是服务业的重要组成部分，该产业能够为社会提供更多的就业机会。体育产业对于国民经济的贡献是非常巨大的，体育产业的持续发展符合我国经济与社会发展的客观需求。

我国体育产业的就业结构可以根据其行业结构划分为两大门类：一种门类是体育服务业人员，它包括了从事健身休闲业、体育场馆服务业等行业的人员；另一种门类是体育用品业人员，它包括体育用品制造业、体育用品销售业等行业的人员。目前，我国的体育产业还属于劳动密集型产业，特别是其中的体育用品制造业就业人数占据了相当大的比例，而随着我国体育服务业的不断发展，必然会对增加社会就业产生很好的推动作用。近些年来，我国的体育用品制造业实现了很好的发展，虽然大部分属于来料加工，但其工艺与质量水平已经有了很大程度的提升。

我国的体育产业就业结构同时也存在很大的地区性差异。当前，我国体育产业的就业结构与整个国家的就业结构是相适应的，主要集中于制造业，而不同地区的体育产业就业结构存在着很大的差距，这是由于我国体育产业地区发展不平衡，各地区体育产业就业结构与该地区体育产业的行业结构相符合。

四、消费结构

在商品经济条件下，体育产业的消费结构是通过反映市场供求结构运行的价格结构表现出来的。消费结构是包含需求结构和供给结构、收入结构和价格结构的相互制约、相互联系的结构。从根本上来讲，实现体育资源的合理配置，从而实现体育产业结构的合理化，这样才能够更好地保证体育经济的持续增长。要想实现这一目标，首先应该使体育产品（有形产品与无形产品）的生产在结构方面应该满足社会对于体育的客观需求，从而满足整个体育消费结构的要求，如果不能够很好地结合大众的消费，那么体育生产也就失去了意义。

体育消费结构对于整个体育经济的增长和体育产业结构的成长起着最终的决定作用。体育消费结构指的是社会生产的最终结果（一般用国民收入指标）的使用构成，是社会经济活动的基本反映。

体育消费按其存在形式可以具体划分为物质性消费与劳务消费两种形式。体育物质性消费即体育实物消费，指的是人们在体育活动中对于体育器械、服装等方面的花费。体育劳务消费则是指人们在体育观赏、健身娱乐等方面的服务性花费。在 20 世纪 90 年代，我国的体育消费结构不够科学合理，体育实物消费与体育劳务消费比例严重不协调，体育劳务消费明显低于体育实物消费。

对于体育劳务消费，还可以从满足人们不同层次体育需求的角度进行分析。由于人们的消费行为根本上是由其消费动机推动的，而消费动机的产生主要是由于人的某种消费需要。当人们的某种个人需求得不到很好满足时，就会驱使人们去从事满足需要的消费行为活动，相应的消费动机也就应运而生。

人们所有这些消费需要可以划分为三个层次，即生存的需要、社会性需要以及成长的需要。同样，体育劳务消费也划分为三个层次。而人们参与体育活动的不同动机同样预示着人们在体育消费中存在各自不同的需求。例如，人们会为了和朋友交流、与家人接触或者陪伴自己的子女而从事一定的体育活动，这就表明人们进行体育活动是为了满足自我的社会性需求，这同时也表明人们在体育消费中的社会性需要消费。

对体育劳务消费的再次划分，有利于反映和比较体育劳务消费水平。但需要注意的是，这种划分法排除了体育用品消费，即体育实物消费。这是因为体育实物消费很难明确它属于哪种需要。例如，体育消费者在购买体育器材时，在一开始可能是为了社会性需要，但是作为一种耐用产品，在以后的时间，消费者可能用所买的体育器材进行自身的体育锻炼活动，即演变成为一种生理需要。而体育劳务消费，可以按当时人们消费的不同动机进行具体区分。因此，我们可以将体育实物消费单独作为一类。与西方发达国家的体育消费结构相比较，我国目前还存在着很大的差距，因此需要加快与国际体育消费市场的接轨。

第二节　体育产业结构的演进分析

一、体育产业结构演进的组织机制

（一）自组织机制

在体育产业发展的过程中，体育产业结构的演进是一个循序渐进的动态过程，在生产力不断发展和各种先进技术的推动下，体育产业结构逐步由低级转向高级、内部各要素不断协调发展，进而形成一个庞大而复杂的整体。下面主要分析一下体育产业结构演进的自组织机制。

1. 前提条件：开放性

体育产业作为一个大型系统，其内部结构非常复杂，一般来说，这一内部结构主要由八类层级组成，这几个部分相互联系、相互影响、相互制约，形成了一定的关联效应。其中任何一个部门的发展都会对其他部门产生一定的影响。体育产业内部各组成部门之间的技术经济联系是经常性的，产业结构间的关联正是在经济联系的基础上形成的，实质上各部门之间的关联就是体育产业结构的自组织。

在体育产业发展的过程中，体育生产部门将各类体育产品和服务推向市场，从而满足体育消费者的各种需求，这就是体育生产的最终目的。体育生产最终目标的实现少不了对各种生产要素的依赖，而这些生产要素都需要在市场上购买。体育产品在生产的过程中，除了注意自身因素外，还需要从外界环境中及时获取可靠的信息，从而保证体育产品生产的顺利性。在体育生产的过程中，体育生产部门还必须具备一定的物质资源与信息，这是体育产业结构实现自组织演进的重要基础。

2. 直接诱因：远离平衡态

一般来说，体育产业整个系统具有一定的不平衡性特征，体育产业内部各要素之间存在着千差万别，每个要素都有自己独特的地位与作用。除此之外，体育产业系统中的子产业发展也呈现出不平衡的特性，相对于体育用品业来说，体育产业的核心产业，如体育竞赛表演业、体育健身娱乐业等发展比较缓慢，这是正常现象。随着现代科学技术的快速发展，大量的先进生产工具应用于体育用品制造业中，新兴的体育产品大量涌现，这极大地促进了新的产业结构的形成与发展。总体来说，体育产业各要素之间的发展是非平衡性的，存在着一定的差异，这是体育产业结构发展中的必然。

3. 内在依据：非线性作用

总体而言，体育产业是一个多层级的庞大的体系，在这一体系中，体育产业内部各要素之间相互作用，相互影响，呈现出非线性发展的趋势，体育产业内部各要素间的技术联系是其存在非线性作用的内在原因。

具体来说，技术因素通过发挥以下功能来促进体育产业形成的非线性作用。第一，现代科学技术的快速发展提高了社会生产力，从而促进了新的产业分工的形成。第二，现代科学技术的发展提高了劳动生产力，劳动生产力的提高在很大程度上促进了劳动力的转移，体育产业结构也得到相应的变动与发展。第三，现代科学技术的发展能在很大程度上起到重要的刺激作用，促使人们的需求结构发生变化，在这样的形势下，体育产业结构受需求结构变化的影响，也就会发生相应的变动。第四，现代科学技术的快速发展在带给新兴产业活力的同时，也加速了原有产业的改造与发展，促进体育产业中的生产结构逐步得到优化与升级。第五，现代科学技术的快速发展能在很大程度上提高一个国家的国际竞争力，并推动国家对外贸易的发展，进而直接导致体育产业结构发生较大的变化。

在体育产业结构不断演进与发展的过程中，体育产业结构之所以能够得到快速发展，并呈现出复杂性的特点，其主要原因就是非线性作用，同时这也是体育产业结构自组织演化的终极目标与动力。

4. 触发器：涨落

在一段时间里，体育产业结构能保持一定的稳定性，其内部各要素之间的关系也相对稳定。但从局部来看，体育产业内部的波动则是经常性的，不时地发生各种变化。例如，在体育产业内部各部门之间，各种产业要素不断流动，促使体育产业产值发生一定的波动。如果体育产业产值的涨落只是一种发展状态，而且不会影响体育产业结构的稳定时，这种状态就是体育产业结构演变与发展的微涨落。

需要注意的是，微涨落不会打破原先的体育产业结构。但是，有些涨落会在一定的条件下促使原有的产业结构发生一定的改变，这种改变我们称之为巨涨落。一般来说，当出现巨涨落时，之前的体育产业结构模式会发生较大的变化，新的结构也会相应出现。

通常情况下，只有当体育产业结构失去了原有的稳定性，并建立了新的结构后，才算是体育产业结构的一次演进与发展。涨落在体育产业结构演进与发展的过程中发挥着非常重要的作用。

（二）他组织机制

在体育产业发展的过程中，体育产业结构的演进与发展是一个控制的过程。在他组织角度下，国家采取必要的措施与手段对体育产业结构进行合理的调整，从而实现结构和组织的合理优化。在体育产业结构演进与发展的过程中，只有通过政府的宏观调控，才能更好地实现体育产业结构演进的他组织机制。

在政府的宏观调控下，体育产业结构不断得到演进与发展。国家政府部门通过运用各种经济手段、产业政策等来实现体育产业资源的合理配置，对体育产业结构进行必要的调整与优化，从而促进体育产业的健康发展。

总体而言，在体育产业结构演进与发展的过程中，政府的宏观调控作用主要体现在以下几个方面。第一，政府采取一定的措施和手段，制定体育产业发展的目标、重点和规模等，把握体育产业结构演进与发展的趋势，为体育产业的发展指明道路。第二，政府通过运用各种经济手段和产业政策，鼓励与保护相关体育产业的发展，有时为了保证政策的顺利实施，还采取强制措施规范体育产业的发展，这为体育产业结构的优化与升级提供了可靠的保障。第三，政府通过运用各种产业政策，在很大程度上促进了现代竞争微观基础的形成，这对体育产业市场供需关系能产生良好的协调作用，从而为体育产业结构的演进与发展奠定良好的基础。第四，政府通过自身公益功能的发挥，为体育产业的发展营造了一个健康的社会环境，从而促使体育产业结构优化升级目标得以顺利实现。

二、我国体育产业结构演进的阶段划分

体育产业结构不是一成不变的，而是处于不断变化发展中的。对体育产业结构演进阶段的研究能找出其中的客观规律，从而更好地采取针对性措施与手段促进体育产业的发展。

（一）体育产业结构演进的阶段

从长远来看，体育产业结构是不断演进与变化着的，即从低级阶段向高级阶段演进。在从低级阶段向高级阶段演进的过程中，体育产业一般都经历以下几个阶段。

1. 体育产业结构合理化阶段

体育产业结构合理化是指通过一定的结构调整，增强体育产业内部各部门的协调能力和合作能力。在体育产业发展的过程中，要想促进体育产业结构的优化发展，首先就要结合体育产业的发展实际对失衡的产业结构进行合理化调整。需要调整的方面主要包括：体

育产业各部门的协调问题、体育产业的供给与需求问题、体育产业结构效应问题等。总体来说，体育产业结构是否合理主要取决于体育产业释放的整体能效是否大于各部门能效之和。如果体育产业各部门间的协作能力越好，就越能释放出强大的效能，体育产业结构也就越合理。因此，在这一阶段中，首先要做的就是消除体育产业内部结构中的各种不平衡现象，释放体育产业的效能。

2. 体育产业结构高度化阶段

体育产业结构的高度化是指国民经济发展重心由第一产业向第二、第三产业逐步演进、劳动密集型产业向资本密集型产业逐步演进、初级产品的制造向高附加值产品制造逐步演进与发展。因此，体育产业结构高度化指的就是体育产业结构的重心由劳动密集型部门向体育服务业演进。总体上而言，判断体育产业结构是否步入高度化阶段的一个重要标志就是看是否拥有与本阶段体育产业相适应的主导产业和支柱产业。

3. 体育产业结构优化阶段

可以说，体育产业结构优化是体育产业结构演进的最终方向，也是体育产业发展的较高阶段。总体而言，体育产业结构优化是体育产业高度化发展的动态过程，在这个过程中，体育产业结构逐步优化和升级，达到最佳状态。

综上所述，以上体育产业结构演进的三个阶段之间是互相影响和互相联系的。其中体育产业结构的合理化是前提，体育产业结构的高度化是必经阶段，体育产业结构的优化是最终目标。而且大量的研究与事实表明，体育产业结构的优化调整主要包括三个方面的内容。第一个方面是政府的干预。政府通过制定各种有利于体育产业结构调整的政策来干预体育产业的供给和需求结构，促进体育产业的合理化发展。第二个方面是市场的自我调节，充分发挥市场的自我调节作用，从而实现资源的优化配置。第三个方面是发挥企业的主体地位，依据当前的发展实际调整企业的行为。这三个方面密切合作，共同发挥效用，能有效地促进体育产业结构的优化升级。

随着社会经济的不断发展，体育产业结构逐渐由低级阶段向高级阶段演进。体育产业结构在演进与发展的过程中通过与环境资源的交换，产生了一系列的动态变化，整个体育产业规模不断扩大，向更高层次发展。在体育产业结构由低级向高级阶段发展的过程中，体育产业结构逐步达到合理化状态，从而发生质的飞跃，促使体育产业以较快的速度增长，这就是体育产业结构演进与发展的基本规律。在体育产业结构演进与发展的过程中，体育产业中各部门不断分化，规模不断扩大，资源配置效率不断提高，这些都是体育产业由低级阶段向高级阶段演变的重要标志。总之，体育产业结构的这种演变规律，为体育产业结构的优化升级提供了良好的路径。

(二) 体育产业结构演进的趋势

1. 软化

随着现代社会的不断发展，体育产业结构也逐渐呈现出软化的趋势。在早期阶段，体育产业以提供实物产品为主，相对而言，体育服务产品所占的比例很小，产业软化率非常低。而伴随着社会经济的逐步发展，人们物质生活水平的不断提高，人们的需求层次逐步升级，体育产业开始得到快速发展。在体育产业发展的这一阶段中，体育本体产业获得了迅速的发展，并带动了体育其他相关产业的发展，如体育经纪业、体育传媒业、体育广告业、体育彩票业等。在这样的形势下，体育用品制造业的地位不断下降，体育服务业的地位不断上升，这是体育产业结构优化升级的表现之一。

2. 合理化

在体育产业发展的过程中，体育产业结构的合理化是体育产业向更高阶段发展的重要标志。在资源既定的条件下，体育产业内部各要素之间能实现资源的最优配置，产生良好的经济效益，从而获得快速的发展。总体而言，体育产业结构演进的合理化主要体现在三个方面：一是各种体育资源在部门间得到合理的配置；二是体育产业能够根据需求结构变动状态调整资源配置；三是体育产业发展的各类体育产品的总供给与总需求实现动态平衡。

3. 高度化

体育产业结构的高度化发展也是体育产业结构演进的一个重要趋势。在现代社会背景下，现代科学技术的快速发展推动了大量高新技术产业的发展，这就成为引领体育产业结构高度化发展的重要力量。在现代社会条件下，技术密集型和知识密集型产业得到了迅速的发展，体育科技成为体育产业结构升级的核心技术，体育产业结构逐步迈向高度化发展阶段。

4. 高效化

在新的时代背景下，体育产业结构开始向着高效化的方向发展，对此体育产业结构开始做出相应的调整，体育产业的经济效益也逐步显现出来。总体上来说，体育产业结构的高效化使体育产业内部各要素之间合理利用各种资源，从而实现经济效益和社会效益的最大化，二者缺一不可。总之，体育产业结构在演进过程中所做出的合理调整，能产生较高的结构效益，从而推动体育产业的进一步发展。

5. 区域结构协调化

体育产业结构演进过程中的区域结构协调化是指地区层次的产业结构实现合理化、高效化和高度化，不同地区的体育资源有自身的特色，通过地区间的资源沟通与利用，能使体育资源得到充分的利用，从而满足体育产业结构调整与发展的要求，进而实现体育产业的科学化发展。

（三）影响我国体育产业结构演进的因素分析

1. 需求结构因素

在整个体育产业发展的过程中，需求结构是影响其产业发展的重要因素。一般来说，社会对体育用品和体育服务的需求就是体育需求，而体育产业对其他产业产出的需求并不属于体育需求的范畴。在需求结构的引导下，体育产业中的各个生产部门进行工作输出体育产品，来满足广大体育消费者的需求，这一过程使得体育产业各部门得到了合理的分布，从而逐渐形成了一个相对完善的体育产业结构。总之，在体育产业发展的过程中，体育产业生产部门的各种生产活动都会受需求结构的引导，产业结构必然会随着需求结构的变动而变动。

一般来说，人的需求主要有生存需求、享受需求和发展需求三大类。在这三大类基本需求中，生存需求是满足生理需要的需求，处于最低层次，而享受需求和发展需求则是满足人作为社会人实现自我价值的需要，是一种高层次需求。在人与社会发展的过程中，人的需求是随着时代与环境的变化而不断变化的，总是由低级向高级转变。在社会生产力比较低下的年代，生存与生活需求成为人们最重要的需求，温饱问题以及对物质消费品的低级需求成为人们的日常生活追求。而随着社会经济水平的不断提高，人们在解决了温饱问题后，对物质消费品的需求呈逐渐下降趋势，而转向对服务消费品的需求，这是社会经济发展的必然。

在现代社会背景下，体育运动能满足人们的多种需求，如健康需求、娱乐需求、休闲需求等。正是由于体育运动能顺应人们消费需求结构的改变，体育产业才得到了快速的发展，体育产业结构也因此得到了优化与升级。

2. 供给结构因素

在体育产业中，体育供给结构是指社会对体育产业需求的满足程度。一般来说，体育产业结构的转变是以供给结构为前提的，供给结构在很大程度上影响和制约着体育产业结构的发展与转变。在体育产业发展的过程中，各种自然、物质、技术等条件都在其中发挥着重要的作用，而这些资源则需要由社会所提供，在这样的形势下，体育产业的供给结构便形成了。

(1) 体育产业的发展需要物质资本积累

体育产业的发展离不开重要的物质基础，这些物质基础主要包括体育场地设施、设备等方面，而兴建体育场馆、购置体育设备等则需要大量的资本积累，只有拥有了充足的物质资本，才有能力开展兴建体育场馆的工作，才有能力购置各种体育设施设备。在社会发展的过程中，只有社会经济得到发展，人们才有充足的资金投入到休闲娱乐、体育运动之中，这样才能为体育产业的发展营造一个良好的环境。

(2) 体育产业的发展需要人力资本积累

体育产业的发展除了需要充足的资本积累外，还需要必要的人力资本积累。如拥有高水平运动员的运动队，其竞技水平就越高，观赏性也越强，也就越能激发人们观看体育赛事的热情，从而为体育产业的发展奠定良好的基础。总之，竞技体育运动的发展离不开具有高素质的人力资源，要想通过体育运动来创造产业价值，就要培养出大量的高水平人力资源。

（3）体育产业的发展离不开现代科学技术

发展到现在，随着现代科学技术的快速发展，体育运动设施、体育器材等也变得越来越智能化，这对于推动体育娱乐产业的发展具有重要的作用。将现代科学技术运用于体育场馆、体育设施中，不仅能极大地提高竞技运动水平，同时还能提高体育赛事的观赏性，促进体育赛事产业的发展。由此可见，体育产业的发展离不开现代科学技术，现代科学技术为体育产业的发展提供了重要的技术保障。

3. 贸易结构因素

国际体育用品和体育服务的进出口结构就是所谓的体育贸易结构，也就是体育产业的国际贸易结构。发展到今天，随着全球经济的一体化发展，体育的发展也突破了诸多限制，打破了国与国之间的壁垒，世界各国人民可以共同交流、互通有无。在这样的背景下，世界各国之间的沟通与交流逐渐加强。国家之间的空间距离因为体育运动而日益缩短，人们足不出户就可以在家欣赏各种体育赛事，如 NBA、欧冠联赛等。一些体育用品品牌也因为体育资源的全球化而享誉世界，如耐克、阿迪达斯等。除此之外，教练员、运动员、裁判员的跨国流动也离不开体育资源的全球化影响。

体育产业结构不是一成不变的，受体育用品和体育服务不断流动的影响，体育产业的供给与需求结构也发生着不断变化。在体育产业进出口结构中，体育产业的供给结构能够从体育用品及服务的进口中体现出来，体育产业的需求结构能够通过体育用品及体育服务的出口中反映出来。因此，体育用品及体育服务的进出口结构会随着体育用品与服务的变化而发生变动，而体育产业供需结构又会随体育用品和体育服务的变动而变动，体育产业结构也因此发生变动。所以说，体育产业国际贸易的发展在很大程度上推动了体育产业的发展。

4. 社会结构因素

在社会发展的过程中，社会经济结构还会受到社会其他结构的影响，作为社会经济结构的一个重要组成部分，体育产业结构的变动同样也会受到一定程度的影响。社会结构中的人口结构、文化结构等都会对整个社会的供需结构产生重要的影响，从而影响体育产业结构的变动，下面就做具体的研究与分析。

（1）人口结构

一般来说，社会劳动力结构是以人口结构为基础而形成的，而人力资源供给结构的形成又离不开社会劳动力结构。因此说，人口结构的发展变化会对体育产业结构的变动造成非常重要的影响。除此之外，人口年龄结构、文化结构等都属于人口结构的范畴，不同年龄段、不同文化层次的人其消费需求也各有差异，所以，人口结构也会对社会需求结构造成一定的影响，进而对产业结构产生影响。在现代社会背景下，人们的体育需求不断增加，这极大地促进了体育竞赛表演业的发展，而随着全民健身运动的发展，在我国老龄化社会背景下，老年人的健身需求也日益增长，这对于体育用品业、体育健身业的发展也具有重要的推动作用。

（2）文化结构

文化结构的内涵比较丰富，主要包括民族文化特征、文化教育水平、科学发展水平等内容。大量的研究与事实表明，一个国家或地区的文化结构会对产业结构的变动产生直接或间接的影响。在体育产业发展的过程中，体育产业能为社会大众提供各种体育服务，而在现代社会背景下，由于社会文化结构不同，人们的素质水平，以及对文化的需求等都存在着较大的差异，因此人们对体育产品和体育服务也会有不同层次的需求，这就引起了体育产业结构的不断变动。

（3）阶层结构和城乡结构

在现代社会条件下，整个社会的收入分配格局都能在社会阶层结构和城乡结构中得到明显的体现，这两种结构会在一定程度上影响社会需求结构，进而影响体育产业结构。

通常情况下，经济条件较高，处于社会阶层上层的人群都比较重视体育消费，因此城市社会较高阶层成为体育消费的主要人群。如果一个国家的社会阶层结构和城乡结构发生某种程度的变化，就一定会对收入分配状况造成一定的影响，进而影响整个社会的需求结构，在此情形下，体育产业结构也会发生一定的变动。

第三节　体育产业结构的优化路径

一、体育产业结构优化的内涵

所谓体育产业结构优化，其主要是指，在保证资源配置最优化和实现经济效益最大化的前提下，通过对体育产业结构进行积极调整，使得各组成部分之间协调发展，满足社会发展的需求。体育产业结构包括两方面的主要内容：其一，产业结构的合理化发展；其二，产业结构的高度化发展。我国体育产业的发展起步相对较晚，体育产业发展相对较为滞后，并且结构不合理，区域发展也有很大的不平衡。近年来，随着奥运会的举办，人们的体育意识逐渐得到了发展，体育产业得到了极大的发展。健身娱乐业、竞赛表演业、体育彩票业、体育中介业、体育旅游业、体育媒体业、体育保险等行业都得到了一定的发展，并促进了我国体育产业的优化调整。随着人们生活水平的提高，体育热情的高涨，以及民间投资的投入，体育产业的所有制结构进一步优化调整，体育产业将得到进一步的发展。

（一）合理化

产业结构合理化思想在古典经济中就有相应的体现，其理论核心就是要调整产业之间的比例，从而促进产业的协调发展。产业结构的合理化发展就是经济增长的客观条件，如果产业结构不合理，必然会在一定程度上限制产业的整体发展。如今，社会化大生产下，产业与产业之间、产业内部各要素之间逐渐形成了一种密切的联系，彼此之间会产生相互影响。资源配置结构为基础的产业结构往往在很大程度上影响着经济效益。合理的产业结构能够使得各方面的技术和资源等得到良好的组合，从而使得各个产业都能够获得一定的结构效益，避免恶性竞争和资源的浪费。如果现有的技术和资源总量是一定的，那么通过协调各部门之间关系，实现技术和资源的优化组合，使得产业结构比以前更加合理，会促进经济获得新的增长。学者们对于产业结构优化具有不同的理解，其定义也具有一定的不同。通过对我国学者的观点进行总结分析，可将其定义归纳为如下几方面。

1. 产业结构协调论

这一观点认为产业结构合理化的工作重心为产业之间结构的协调，通过产业结构的调整，实现各行业的协调发展，并满足经济社会发展的需求。

2. 产业结构功能论

这一观点以产业结构的功能强弱来对产业结构的合理化进行研究。这一观点认为，产业结构合理化是不断改善结构效益的产业结构优化过程，这一过程使得产业间形成较高的聚合质量。

3. 产业结构动态均衡论

产业结构动态均衡论认为，产业结构的合理化是一个动态的发展过程，注重产业素质与结构之间的均衡，产业结构的合理化最终促进了产业结构的动态均衡和产业素质的提高。

4. 产业资源配置论

产业资源配置论将产业结构看作一种资源的转换器，合理化是对资源的配置和利用等进行的结构优化。这一观点认为，体育产业结构的优化调整是在一定的消费和资源条件下，实现资源在产业间的合理配置和有效利用。

体育产业结构合理化是对体育产业进行调整，使其从不合理走向合理的过程。具体而言，其实是在一定的经济发展战略目标的指导下，以现有的经济资源为基础，对体育产业各部门之间资源配置的优化，以及对产业部门之间发展的协调，通过这些调整，能够实现良好的经济效益。产业结构的合理化使得资源配置在部门之间形成良好的比例关系，并且随着经济的发展和需求结构的变化，其也会进行相应地调整。通过产业结构的合理化，其最终实现了需求与供给的动态平衡。具体而言，产业结构的合理化使得体育产业各部门之间的相对低位、产出能力、联系方式、产业布局等方面都实现了协调。

总而言之，体育产业结构的合理化能够使得消费需求得到满足，并且实现了需求与供给的动态平衡，同时，产业结构的合理化也实现了地区产业布局的合理化发展。

(二) 高度化

产业结构的高度化是产业结构从低级向高级发展的过程，这也是产业结构发展的重要趋势。产业结构的高度化发展实质上是科学技术的发展和分工逐步细化的结果，在发展过程中，产业结构逐渐向集约化、高附加值、高技术等方面发展，实现了资源的高效利用。需要注意的是，体育产业结构的高度化是一个相对的概念。产业结构的发展是永不停息的，在不同的经济社会发展阶段，其具有相应的时代特点。

1. 产业高附加值化

所谓产业高附加值化，即为提高产品的剩余价值，通过赋予产品相应的文化、品牌和技术方面的优势，从而实现这一目标。产业高附加值化使得产业能够获得高额的利润。

2. 产业高技术化

产业的高技术化即为积极采用先进的技术，不仅是生产方面的技术，还包括管理方面的先进技术。通过这一方式能够使得体育产业的运行效率提高，从而最终提高产出能力。

3. 产业高集约化

集约化发展要求产业发展过程中，各产业部门之间由分散的小规模到合作、集中的大规模生产。通过产业高集约化，使得经济发展实现规模效益。

4. 产业高加工化

产业高加工化即为提高加工的深度，深化专业分工，由劳动密集型向资金密集型、技术密集型转变，逐步升级初级产品制造，上升为中间产品和最终产品的生产。

产业结构的高度化是一个相对的概念，但是其发展需要一定的经济社会条件，并不是在任何阶段都可以实现的。产业的高度化发展需要经济技术水平较高，基础设施相对较为完善，具有发达的原材料工业。产业结构的高度化发展是经济发展的结果，反过来也促进经济的发展。通过体育产业结构的高度化发展，使得相关的资源能够得到高效利用，在节省资源的同时，实现较高的经济效益。

体育产业结构高度化发展以产业结构的合理化为重要基础，在此基础上才能够实现体育产业整体的提升。随着产业结构的合理化，经济效益不断提高，从而推动了产业结构的高度化发展。体育产业结构的优化发展，正是合理化和高度化的统一。

二、体育产业结构优化的目标与原则

(一) 体育产业结构优化的目标

1. 体育产业可持续发展

体育产业结构优化的重要目标之一就是促进体育产业的可持续发展，实现体育产业再生产的延续，使其在国民经济中保持合理的比例。通过体育产业结构的优化，能够使得各个部门之间保持合理的比例，从而使得体育产业整体得到良好的发展。如果不能形成产业内部的良好互动，难以实现体育产业整体的健康运行。

2. 结构合理化和高度化

体育产业结构的优化就是要实现体育产业结构的合理化和高度化发展，这是体育产业结构优化的基本内涵。产业结构的优化发展的重要目标之一就是合理调整产业内部的联系和比例，并促进其由低级向高级的发展。

3. 具备核心竞争力

体育产业结构优化发展过程中，应使得体育产业建立相应的竞争优势，积极进行战略性调整，推动其长远的发展。在体育产业结构优化调整过程中，应积极促进体育产业生产效率的提高，提升体育产品的技术含量，树立相应的品牌，在国际竞争中树立自身的优势。

4. 供需动态平衡

产业结构的优化调整的重要目标之一就是实现总需求与总供给的动态平衡。经济社会处在不断地发展之中，人们的体育需求也在不断发生变化，体育产业结构的优化就是积极进行供给的调整，不断满足人们的需求。

5. 区域协调发展

我国经济社会的发展具有一定的不平衡性，东西部发展水平具有明显的差距。体育产业结构的优化调整应注重区域协调发展，促进各地区体育产业结构的优化发展，实现经济的共同发展。在产业结构优化调整时，应积极促进地区体育资源的优化配置，实现地区体育产业的协调发展。

（二）体育产业结构优化的原则

1. 整体性

产业系统中的整体性原则，要求体现系统整体功能大于部分功能的简单相加。体育产业系统是产业内各种要素之间相互依存、相互关联、相互制约、相互影响而组成的具有特定功能的聚合体。体育产业的发展不是孤立的，重点促进关联强度大的产业的发展，可以带动相关产业的发展。体育产业结构优化的整体性原则，要求体现体育产业系统的整体功能大于部分功能的简单相加，必须有效配置各类资源，促进体育产业内部构成之间的协调发展，产生系统聚合效应。既要适应市场的需求，又要注意内部构成之间的相互衔接，密切配合，协调发展，以发挥出体育产业结构的整体协调功能。

2. 层次性

结构层级的不同，表明在整个系统中的地位、作用不同，但彼此之间又都有内在联系。体育产业结构是多种因素共同作用的结果，其形成受到诸多因素的制约。因此，在不同的发展阶段，会出现不同的层次。体育产业结构层级体系的划分，可以从不同侧面揭示体育产业结构系统特征，有助于我们更深入地了解和研究体育产业结构的现状和发展变化的趋势。在调整优化体育产业结构的过程中，不仅要把握好处于系统较高层的要素构成，更重要的是利用好较高层要素对较低层级要素组合的决定功能。

3. 动态性

体育产业结构的优化是一个动态过程。体育产业结构优化是一个相对的概念，它不是指体育产业结构水平的绝对高低，而是在实现体育经济效益最优的目标下，根据某地区的地理环境、资源条件、经济发展阶段、科学技术水平、人口规模等特点，通过体育产业结构的调整，使之达到与上述条件相适应的各产业协调发展的状况。

4. 开放性

一个系统应具有开放性，这样才能够实现自身的不断发展。所谓系统的开放性特征，是指一个远离平衡状态的开放系统，在它同外界进行能量的交换过程中，会引起系统内部要素结构的变化，并导致要素间的关联关系重新组合。系统要素的这种变动程度是不对等的，某要素的变动，可以决定系统行为的某一参变量变化达到一定临界值而发生突变，使整个系统就由原来的较无序状态，走向新的有序状态。这种新的有序结构一旦形成，还需要增加同外界物质和能量的交换才能维持，并逐步形成一种排除外界干扰的"抗干扰力"，从而保持一定的稳定性。

5. 效益性

市场经济的发展，对资源配置的基础性作用愈来愈明显。不但要求资源获得最佳的配置、最优的组合利用，还要求产业结构处于最佳效益的发展状态。因而体育产业结构的调整要以资源最佳配置、最佳结构效益为原则，加强政策扶持与引导，坚持经济效益和社会效益并重。优化体育产业结构必须坚持为经济社会发展服务，向群众提供健康有益的体育服务产品，满足各类群体多元化的体育需求。

三、推动我国体育产业结构优化的政策分析

(一)《关于加快发展体育产业促进体育消费的若干意见》

在主要任务方面，《意见》做出了相应的规定，其中改善产业布局和结构是其重要任务之一。具体而言，其提出了优化产业布局、改善产业结构和抓好潜力产业等方面的任务。

在优化体育产业布局方面，《意见》提出了要因地制宜地发展体育产业，促进体育产业基地的建设，建立区域协同发展的机制，促进东部、中部和西部的体育产业良性互动。"壮大长三角、珠三角、京津冀及海峡西岸等体育产业集群。"西部地区在体育产业发展过程中，积极利用当地的自然资源，发展区域特色体育产业，并积极扶持少数民族体育产业的发展。

在改善产业结构方面，《意见》明确提出了"进一步优化体育服务业、体育用品业及相关产业结构，着力提升体育服务业比重"。通过推动现代体育服务业的发展，"实施体育服务业精品工程，支持各地打造一大批优秀体育俱乐部、示范场馆和品牌赛事"。同时，

还要积极支持体育用品制造业的高度发展，提高我国体育用品的科技含量。

在抓好潜力产业发展方面，《意见》提出要积极推动现有体育产业的纵向发展，还提出要积极推动冰雪运动的发展，促进冰雪运动场地的建设，形成新的体育消费热点。

（二）《全民健身计划》

《全民健身计划》明确提出了要推动全民健身的教育、经济和社会等方面功能的发挥。使得全民健身成为促进体育产业发展、拉动内需和新的经济增长点的动力源。

《全民健身计划》还提出了未来发展的主要任务，其中提出要"充分发挥全民健身对发展体育产业的推动作用，扩大与全民健身相关的体育健身休闲活动、体育竞赛表演活动、体育场馆服务、体育培训与教育、体育用品及相关产品制造和销售等体育产业规模，使健身服务业在体育产业中所占比重不断提高。"为了推动体育产业的发展，还提出了鼓励发展"健身信息聚合、智能健身硬件、健身在线培训教育等全民健身新业态"。为了推动《全民健身计划》的贯彻实施，还提出了相应的保障措施，积极推动财政税收等方面的优惠政策的落实。

全民健身的开展和实施，能够极大地推动体育产业的发展，能够更好地满足人们的体育健身需求，对于体育产业结构的优化发展具有积极的意义。

（三）《"健康中国 2030"规划纲要》

《"健康中国 2030"规划纲要》（以下简称为《计划纲要》），积极推动人民健康水平的发展，推动体育产业的完善。《计划纲要》的第六篇中明确提出了要发展健康产业，推动休闲体育运动产业的发展。

《计划纲要》第十八章提出了要发展健康服务新业态，"规范发展母婴照料服务。培育健康文化产业和体育医疗康复产业。制定健康医疗旅游行业标准、规范，打造具有国际竞争力的健康医疗旅游目的地。大力发展中医药健康旅游。"

《计划纲要》第十九章则更进一步明确了"积极发展健身休闲运动产业"，推动体育产业多元市场主体的发展，积极变革体育体制。提出了要积极鼓励多种形式的体育健身俱乐部的发展，并丰富业余体育赛事的发展，促进各种时尚休闲体育运动的发展，"打造具有区域特色的健身休闲示范区、健身休闲产业带"。

四、促进我国体育产业结构优化的产业集群研究

（一）产业结构分布与产业集群

随着经济社会的发展，分工也越来越细致。劳动分工形成了专业化的生产部门。劳动力的分工和专业化能够促进生产效率的提高。然而，由于地区发展的不平衡性，生产要素在空间的分布具有一定的不均衡性。劳动力分工和专业化的发展所产生的效益还要取决于相应的生产区位，具有良好的生产区位，则能够在资源、生产成本、运输成本、行业互联

等方面具有优势。

1. 分工、产业集群与产业结构演进

劳动力的分工和专业化在一定程度上提高了生产效率，但是分工也会增加相应的交易费用，如运输成本、信息失真风险等。企业在发展过程中，为了自身利益的发展，往往会本能地聚集在一起。随着社会分工的加深，这一分工单位逐渐向统一区位聚集，从而形成了既相互合作，又相互竞争的关系。处于其中的企业专业化生产技能的利用率会明显高于单个企业自身完成全部生产的方式。这就使得更多的企业向这一区域聚集。随着专业化的不断发展，最终形成了相应的产业集群。

产业集群内部，各企业面临着同样的社会文化环境，从而避免了由于知识和经验等方面的不足而造成的交易费用。同时，在同一区域内，其空间相对集中，这减少了交通方面的交易费用。另外，集群内部是一种分工网络关系，有利于各方面信息的收集和传播，避免了信息不对称而产生的各项交易成本，集群内部良好的信息沟通，还使得企业较为注重树立自身良好的信誉度，降低道德风险产生的交易费用。

总而言之，通过进行产业集群，能够使得各方面的交易费用得到一定程度的降低，具有提高交易效率的优势。因此，在产业结构发展过程中，会逐渐形成空间的聚集，最终形成产业集群。

2. 产业集聚与扩散

产业集聚是分工和专业化发展的产物，然而当发展到一定程度之后，产业集聚就会出现扩散的趋势，向其他地区进行扩散，从而在其带动下，实现地区和国家产业的成熟和发展。

产业发生扩散的原因是多方面的。当产业集群过度聚集时，很多生产要素的供给就会由于达到最大限度而出现短缺，这就导致了产业集群节约交易费用的优势逐渐消失。如果产业聚集超过了地区所能够承受的产业规模的最大程度，就会使得产业向着其他地区急性扩散，并且逐渐形成新的产业空间分布结构。在产业集群扩散过程中，生产理念、生产技术和生产方式等方面也会一同迁移到其他地区，从而促进新一轮分工的进行，促进这一地区的发展。总而言之，产业聚集和扩散的发展过程中，形成了一个国家和地区的产业结构。

3. 产业集群促进我国产业结构优化

我国经济发展呈现出东西部发展的不平衡性，体育产业的区域发展也呈现这一特点。东部沿海地区集聚了体育产业发展的各方面要素，如劳动力、技术、资本、消费市场等方面。在企业开展市场活动时，为了追求利润的最大化，其必然向东部沿海地区聚集。现阶段，我国体育产业表现出向发达地区聚集的状态。现阶段，我国应积极采取有效的干预措施，加快体育产业向区域快速集聚，促进体育产业集群的形成。在体育产业集群的发展过程中，应积极进行创新，提升产业内部的交易效率，推动体育产业结构的优化升级。

(二) 产业集群形成的机制

回流效应是指各方面的生产要素在边际报酬差异的作用下，会从不发达地区流向发达地区，从而使得不发达地区的生产要素减少，降低该地区的发展速度。所谓扩散效应则是指，当一个地区的经济发展到一定水平时，各方面的生产要素会在一定程度上出现向不发达地区流动的现象。区位因素对于工业分布具有重要的吸引作用，在地理或是经济因素的决定下，形成了相应的企业集聚。由于企业的聚集可以节约一定的成本，从而吸引了更多企业的到来。

经济社会的发展出现了深刻的变化，区位因素有了更多的内涵，其逐渐将文化因素、政府行为等方面包含进来。现代意义上的区位因素是指，某一地区相对于其他区域在某特定产业的生产经营上带来优势的因素。具有一定的区位优势，则能够降低相应产业交易费用。产业的区域聚集产生相应的集聚优势，能够产生一定的"回流效应"，从而最终形成一定的产业集群。

(三) 我国体育产业集群的形成机制

1. 产业集群的形成方式及我国体育产业集群形成方式的选择

我国体育产业集群的形成有三种方式，即为自发形成、强制培育形成以及引导培育形成。在发展中国家，由于市场机制不健全、信息不对称等方面因素的限制，使得自发形成的产业集群相对较少。政府强制培育的产业群体对于政府管理效率和信息收集处理等方面具有较高的要求，因此纯粹由政府强制培育的产业群体也相对较少。因此，在现实中，大多数产业群体都是由引导培育形成的。

我国地域广阔，由于地理、历史等多方面的原因，使得很多地区经济的发展具有一定的不平衡性。现阶段，中国特色社会主义市场经济已经确立，但是由于发展时间较短，市场机制有待进一步完善和发展。现阶段，我国体育资源的市场化程度相对较低，市场主体之间的信息不对称现象较为严重。市场在资源配置中往往起不到应有的作用，这就需要政府给予一定的干预，这样才能够促进经济的健康发展。

现阶段，体育产业发展过程中，政府掌握了更多的信息和资源，政府在产业集群的形成过程中发挥了重要作用。根据产业集群形成的机制，产业的集聚主要是降低了某些方面的交易费用。当市场发挥不出应有的调节作用时，政府通过适当的政策引导，通过降低水、电、用地等方面的成本，从而形成产业的聚集。我国在很长一段时间内，很多地区都在政府的组织下积极进行招商引资，通过给予相应的优惠政策，从而实现产业的聚集。

2. 政府行为因素对我国体育产业集群形成的影响

政府行为因素对于体育产业聚集具有重要的影响。调查显示，在政府行为因素中，地方发展体育产业的规划及配套支持政策对于体育用品制造业的集群具有极为重要的影响。

地区的产业规划及政策规定了地区产业结构调整的大方向，具有积极的指导意义。国家层面的产业规划对各地区的作用则是相对较为平等的，通常是在具有一定的产业基础的地方批准建立相应的体育产业基地，推动体育产业集群的形成。

地方政府为了促进经济的发展，会积极进行基础配套设施的建设，并且会有相关方面的一些优惠政策，提供相应的信息平台，促进企业之间的沟通与交流。这些措施能够在一定程度上降低生产交易费用，促进产业集聚的进一步发展。

但是过于依赖政府的优惠政策扶持也会产生相应的问题，具体而言，表现在如下两方面。其一，政策上的趋同性使得经济发达地区与不发达地区出现一定的差距，不利于不发达地区的发展。这无疑阻碍了经济不发达地区企业集聚的形成。其二，很多地区的政府只注重短期的税收收益，而缺乏相应的监管措施，从而不利于产业集群的长期发展。如果监管不力，可能会造成各种资源的浪费。为了实现产业集群的健康发展，应建立和完善相应的监管措施。

五、我国体育产业结构优化的路径与策略

（一）体育产业结构优化的路径

体育产业结构的发展过程中，会出现一些问题，影响体育产业的健康发展。产业结构不合理和产业结构发展水平较低是其两个重要问题。因此，体育产业结构优化升级是促进体育产业健康发展的重要手段。

具体而言，体育产业结构全面优化升级路径如下。第一，积极通过宣传、教育等手段来推动体育人口数量的增加，促进人们体育消费习惯的形成。第二，积极进行体制改革，促进相应法律法规的完善，促进体育核心产业的发展，发挥核心产业的辐射作用。通过进行体育产业的体制改革，积极发挥市场的资源配置作用，推动体育产业供需的协调发展。还应注重体育交易产业的发展，增强体育产业之间的关联程度，提升产业之间的联系。第三，促进体育产业空间布局的合理化，地方政府应发挥积极的作用，推动体育产业集群的形成。第四，在体育需求和体育供给的双重作用下，扩大体育市场规模，并进一步增强交易效率，促进体育产业结构合理化和高度化，最后实现体育产业结构的全面优化升级。

（二）推动我国体育产业结构优化的对策

1. 克服陈旧观念的路径依赖，实现非正式制度创新

非正式制度即为人们在长期的社会交往中形成的，并得到社会认可的约定俗成和共同恪守的行为准则，在非正式制度中，意识形态处于核心地位。良好的经济秩序不仅依赖于完善的法律法规，还需要具有相应的非正式制度的约束作用。

在我国经济社会发展过程中，应积极进行非正式制度的创新，积极转变思想观念，为体育产业结构的优化发展扫清道路。体育产业是国民经济的重要部门，发展体育产业对于国民经济具有重要的促进作用。要想实现我国体育产业结构的优化创新，首先就需要积极

转变思想观念，重视体育运动在推动人们的身心健康发展方面的重要作用。同时，还应积极转变消费观念，促进体育消费的增加。

2. 对体育主导产业审慎选择

在经济发展过程中，市场规律和政府行为是市场调整的两个重要方面。在市场经济体制下，市场规律的调整机制在资源配置中发挥了基础性作用。同时，市场具有盲目性，很多时候市场并不能发挥其应有的调节作用，这就需要政府行为的积极干预。在市场发挥基础性资源配置作用的基础上，积极进行政府的宏观调控，能够实现经济的健康发展。

在体育产业结构优化发展过程中，同样需要政府和市场都发挥其应有的作用。将市场机制与政府行为结合在一起，在遵循市场规律的基础上，加强对体育产业政策和措施的制定和实施，这样才能够促进我国体育产业结构的优化发展。

在体育产业发展过程中，政府应发挥其积极的引导作用，积极制定相应的政策，进行科学的规划和引导，积极进行监督，促进体育主导产业的审慎选择。一般将体育主导产业定位为健身娱乐业、竞赛表演业、体育培训业，政府要重点对这些产业的发展予以政策扶持，促进其快速发展。优化这些体育产业结构，可以使各个产业之间的发展产生密切的联系，使其互为基础、相互依托。通过发展这些主导产业，可以起到如下几方面的效果。首先，发展主导产业，能够拉动其他相关体育产业的发展，如体育用品制造业、销售业等，进而使体育主导产业的回顾效应得到充分的发挥。其次，发展主导产业，能够推动体育场馆经营、体育组织、体育传媒、体育彩票、体育中介的发展，进而促进体育主导产业前瞻效应的充分发挥。最后，发展主导产业，能够促进周边餐饮、会展、旅游、通信、房产等行业的发展，进而促进体育主导产业旁侧效应的充分发挥。

作为体育产业的主导产业，体育竞赛表演、体育健身娱乐、体育技能培训不但扩散效应较强，而且结构转换效应也较为突出，能够相互依托、相互促进。随着生活水平的提高，人们的健身意识与观念逐渐增强，对体育的需求也日益多元，并通过参与体育技能培训来对体育活动技能进行掌握，这就能够对体育健身娱乐业的发展起到一定的推动作用。人们在参与体育运动的过程中，也会关注一些自己喜欢项目的赛事，这又能够推动体育竞赛表演业的快速发展。同样的道理，人们关注自己喜欢项目的赛事后，对该项目的兴趣也更加提高了，而且产生了学习该项目技能的强烈要求，并通过参与技能培训来获得技能，这对体育技能培训业、体育健身娱乐业的发展同样具有积极的促进作用。

体育技能培训业、健身娱乐业、竞赛表演业作为体育产业的核心产业，能够发挥关联链式效应，对体育产业行业的整体发展产生一定的拉动效能。这些产业的发展对中间需求的扩张又会产生强有力的刺激作用，如推动大型体育赛事的举办，促进城市体育设施建设。城市基础设施建设对于城市整体功能的扩展也有积极的影响。此外，体育核心产业的发展也能够促进人们体育价值意识与观念的强化，意识与观念的发展能够有效地促进实践的发展，体育经济增长与体育产业结构的优化也有了很大的希望。

3. 大力促进体育主导产业的发展

（1）增加社会先行资本和投资率

为了使体育主导产业能够充分发挥自身的扩散效应，需要大幅地进行社会先行改变，即为体育产业结构的升级，积累一定的社会先行资本。要促进生产性投资率的提高，促进积累在国民收入中比例的提高，最好可以超过10%。体育主导产业之所以能够形成，其先导和基础就是投资，投资在体育产业结构优化中发挥着一定的导向功能。

发展体育产业，要依托体育公共产品和服务，因此政府要加大力度来建设体育产品与体育服务，通过对多元体育产品的提供，来促进有效供给的不断丰富，从而对有效需求进行激活，使大众消费需求得以满足。此外，还应以消费者的需求差别为依据来细分体育产品市场，并在此基础上对目标市场加以选择，进而对与体育目标顾客相适应的体育项目进行选择，对与目标顾客相适应的价格水平进行制定，以目标顾客的体育需求特征为依据来展开促销，从而优化体育产品结构。国家要对扩张性政策积极加以实行，并从总量上着手，对各类企业研发新产品进行鼓励，使其通过这一措施来促进体育需求的增加。在体育基础设施方面，政府要先进行科学论证，然后加大投资力度，同时对社会力量进行积极组织，以市场机制为依据来促进闲置场馆的运营，最大化地提高公共支出的效应，从而为推动体育产业的发展创造良好的基础条件。

（2）确保市场需求的充足性

体育主导产业的形成与发展还需要依赖充足的市场需求。所以，要从增加体育消费着手来优化体育产业结构，在发展体育经济的过程中，要将扩大体育消费作为一个重要的拉动力量。应对体育发展战略进行大力调整，将群众体育与竞技体育的关系协调好，从政策与资金上大力扶持群众体育的发展，对健康的体育生活方式加以积极引导，促进与群众消费能力相适应的准经营性体育项目的大力发展，将公共场地和学校、企事业单位的体育设施，有偿地向社会开放，对低成本的体育指导中心、健身俱乐部等进行建立。

4. 积极推动多方面的改革

（1）进行配套经济体制改革

有效的体育产业政策对于体育产业结构优化有着积极的作用，是体育产业结构变动的外在动因。现阶段中国体育产业结构面临一些问题，需要政府部门为体育产业的发展创造良好的政策环境，通过制定优惠政策来鼓励与支持体育产业健康快速的发展。产业结构升级的实现在很大程度上取决于制度基础的建立。

首先，要加大对体育产业的政策支持力度。政府在落实和完善体育产业发展的现有政策的基础上，根据产业的发展情况随时出台新的政策及配套措施。在条件成熟时，将促进体育产业发展纳入法制化轨道。其次，体育服务业发展滞后是中国体育产业结构失衡的主要体现。因此，要把促进体育服务业发展作为发展体育产业的首要任务，从政策方面采取切实的措施加以推进。再次，加大对体育产业的资金支持力度。政府应发挥示范效应，积极调动促进体育产业发展的引导资金，运用补助、贴息、参股等方式吸引社会资金的投入。最后，加强体育产业的统计制度。具体的措施包括建立健全体育产业的统计制度和跟踪监测、预测分析制度，准确把握体育产业的发展走势，有利于发现和解决体育产业发展过程中的问题，以达到产业结构优化和升级的终极目标。

（2）管理体制改革

在我国体育产业体制改革过程中，应尤为注重政府管理体制的规范，促进管办分离，形成政企分开的管理体制。长期以来，体育被认为是一种公益事业，而其产业功能长期被忽视。这就使得体育产业在发展过程中忽视了经济利益，其经济价值并没有得到应有的开发。

长期以来，我国注重竞技体育的发展，管理体制发挥了重要的作用。体育产业的管理也以政府为主体，从而形成了政企不分的状态。体育产业在发展过程中，都有政府进行管理和运营。随着经济的发展，社会力量参与体育运动的积极性被严重削弱，这一状况逐渐阻碍了体育产业的发展。

在体育产业发展过程中，要打破现有体制的束缚，进行管理体制的改革。现阶段，我国应尽快进行去行政化管理，将政府的管理上升为宏观的管理，而将企业的具体运营管理交给社会，政府切实负责其引导和监督职能。只有这样，才能够进一步发挥社会主义市场经济体制在资源配置中的作用，为体育产业结构的优化提供良好的发展环境。具体而言，首先应明确政府的职责，明确政府和企业之间的分工，划分好相应的责任和义务关系，协调好相应的利益分配，促进体育产业的市场化运营与管理。

（3）打破户籍制度，加快城市化进程

为了便于人口和社会等方面的管理，我国自新中国成立以来就实行户籍政策。而随着城市化的发展，我国户籍政策的弊端逐渐显露。因此，近年来很多学者都积极倡导进行户籍体制改革。农业人口转变为城市人口的进程受到户籍制度的限制。城市化水平的提高能够在一定程度上促进体育产业的发展。要想实现体育产业发展，就需要积极推动城市化的进程，积极消除政策和体制方面的阻碍，推动城乡户籍的统一管理制度。

（4）制定创新策略

首先，要想尽快实现体育产业结构的优化，就必须对新的科技加以运用，通过自主创新能力的提高来调整产业结构。在优化体育产业结构的过程中，技术进步是主要推动力和有力的技术保障，利用新科技，可以使产业结构性矛盾问题得到有效解决，可以促进体育产业结构的高度与合理发展。现阶段，我国在创造新科技时，需要促进投入总量的增加，对研发支出结构进行合理调整，促进科技研发资金使用率的提高。因此，我们要对扶持政策加以明确制定，大力实施品牌战略。对于大型体育企业，要鼓励其增加投入来研发新技术，从技术、产品及营销手段等方面实现全面的创新，促进我国体育用品业自主创新能力的提高。

其次，将价值链尽量拉长，开展创新性的服务，具体从产品设计、品牌销售、供应链管理、售后服务等方面着手，以促进产品附加价值的提高和盈利的增加。

再次，大力建设体育用品标准体系，积极推行体育产品质量监管和认证工作，促进我国体育产品在国际市场中竞争力的提高，对体育用品世界品牌进行全面打造。

最后，积极培养人才。我国体育产业的发展水平一定程度上取决于体育产业人力资源的数量与质量，因此，我们需要对体育产业相关人才的培养重视起来，对与我国体育产业化发展需要相适应的高水平专业人才进行科学培养。

（5）进行技术创新

创新是经济社会发展的不竭动力。尤其是科技创新，对于经济增长具有极大的贡献。

随着低成本竞争优势的丧失，增强自主创新能力、培养自主品牌已成为体育产业的必然选择。提高企业的自主创新能力，加快技术创新体系建设，并积极吸收全球创新成果，这样才能够使得我国体育产业在激烈的国际市场竞争中取得优势。

5. 对区域产业结构进行统筹优化

（1）发挥区域间互补的整体优势和综合比较优势

我国地域广袤，不同地区除了自然条件有很大的差异外，经济基础和体育发展也处于不同的水平。这就要求我们要以实际为依据，对区域体育产业结构进行合理的调整与规划，既要将不同区域的比较优势充分发挥出来，又要对各区域的竞争优势加以创造。具体从以下几方面着手。

首先，对各区域的优势资源进行充分的挖掘与利用，将地区优势资源与民族体育特点结合起来开发优势民族传统体育项目，对优先发展的产业部门进行合理选择，通过优先发展优势产业来对其他体育产业的发展产生积极的影响，对体育产业的特有品牌进行打造，促进优势互补、各具特色的区域体育经济的形成，促进各区域体育产业市场竞争实力的增强。

其次，重点在西部发展体育旅游业，充分利用体育旅游资源，推动体育旅游这一核心产业的发展，进而发挥主导产业的辐射效应。

最后，对中西部体育产业基地建设予以扶持，将中西部地区的体育资源充分利用起来，对体育产业布局进行合理规划，促进竞争合力的形成和体育产业的快速发展，使不同区域间体育产业发展水平的差异逐步缩小，实现协调发展的目标。

（2）加强对统一开放、竞争有序的区域市场体系的建立

我国城乡之间、区域之间在经济方面存在着很大的差距，对统一市场进行分割的体制障碍、对市场要素自由流动进行制约的体制障碍等是造成这些差距产生的主要原因。所以，我们要继续加大体制改革力度，对科学有效的区域发展政策进行制定，将区域间的分割状态逐步打破，将地区壁垒彻底消除，促进大市场调节机制的不断完善。在对效率最大化原则加以遵循的基础上，使各种生产要素在市场信号的指导下自由流动于不同区域，实

现资源的合理配置。只有如此，各地区体育产业的发展才能趋于协调。

（3）推动产业集群化发展

产业聚集是经济发展中的一种现象，是一种市场行为。通过进行产业集群化发展，能够实现体育产业之间的合作发展，实现体育交易成本的降低，实现规模经济效应。通过相应体育产业部门的相互合作，能够获得相应的竞争优势，促进产业竞争力的提升。因此，在体育产业发展过程中，应积极利用产业的集聚机制，积极促进体育产业集群的形成和发展，这对于现阶段我国体育产业的发展具有重要的意义。

其一，通过解构产业链条创造竞争优势。产业形式多样，不同的产业具有不同的产业链，并且相应的产业链是相对较为完整的，这些完善的产业链构成了相应的产业市场。体育产业也具有相应的产业链，只是现阶段我国体育产业链相对不完善，有待进一步发展。在发展相应的区域优势与产业时，不必要形成完整的产业链条，可将一些优势环节作为区域体育产业的发展方向。通过优势产业的发展，能够形成良好的产业发展环境，从而最终实现体育产业的集群化发展。区域优势体育产业可以与现有其他优势行业形成空间集聚，利用产业集聚形成的行业间的高度关联性与互补性，借助相关产业的发展培育体育产业的竞争力。例如，体育用品制造业的产业竞争力不仅在于自身的发展壮大，更要利用产业集聚区的相关产业带来的集聚效应。在产业布局上，促进区域优势体育产业与具有明显优势和较强优势的相关产业的集聚，促使优势产业形成产业链，培育产业集群。

其二，培育核心产业形成产业集聚。要培育产业的竞争力需要一批有较强核心竞争力的体育企业，形成分工协作、共同发展的格局，带动区域优势体育产业的形成。此外，可以通过体育品牌的拓展化经营带动相关产业发展。

其三，培育体育产业基地，打造产业集群。体育产业集群化发展是体育产业提升竞争力的重要手段。通过设立相应的产业基地，积极推行相应的优惠政策和措施，能够促进企业组织的集聚和发展，形成集群式的经济体。在体育产业发展过程中，可借鉴我国晋江体育产业基地的发展经验。

第三章 体育产业的市场化发展

第一节 体育用品业的发展

一、体育用品业概述

体育用品是用于开展体育活动并且具有一定体育特性的各种物品的总称，与人们体育活动的开展有密切关系。体育用品制造业在我国 20 世纪 50 年代开始兴起。改革开放以来，中国社会经济发展迅速，人民体育需求不断增长，体育用品生产持续扩大。

狭义地说，体育用品是指以运动训练的实际需要为基础制造出来的，服务于运动竞赛和训练的消费品。体育用品有严格的质量要求，需要达到运动规则规定的标准，并且有相关质监部门和体育运动机构对其进行检验、认证。广义而言，体育用品是指用于体育活动并符合体育活动要求的生活消费品的总称。其不仅包括狭义上的体育用品，还包括体育健身和休闲等体育活动中所使用的体育用品。

二、体育用品业的发展现状

（一）体育用品业的行业现状

中国体育用品业一直保持增长势头，虽然我国的体育用品行业增加值占 GDP 的比例还不是很高。但我国体育用品行业整体规模不断扩大，具有较大的市场发展潜力。

我国体育用品业主要集中在东部沿海发达地区，我国大部分体育用品都由广东、福建、江苏、浙江和上海等省市生产。

（二）我国体育用品业市场格局分析

1. 我国的 GDP 总量及其对体育用品市场的影响分析

我国的 GDP 增速一直处在较高的增长水平，经济发展总体趋势良好，发展速度较为稳定。我国经济的良好发展态势缓解了世界经济整体发展疲软的现状对我国造成的冲击。体育用品行业属于第三产业，我国近年来第三产业保持着较高的增长率。体育用品业的发展在很大程度上取决于第三产业的发展。中国的第三产业发展得很好，体育比赛和健身活动水平不断提高，刺激了人们对体育用品的需求。

2. 我国体育用品行业进出口情况分析

虽然我国的进出口贸易波动较大，但是仍然保持着增长的势头，增速相对较慢。我国的体育用品品牌的国际影响力相对较小，在这一现状下，不利于我国体育用品品牌的国际化拓展。很多国际品牌涌入我国，增加了国内体育用品市场的竞争。

3. 我国体育用品业的行业竞争结构分析

经过一段时期的发展，中国各种品牌的体育用品创造了完善的生产和销售网络，知名品牌的市场占有额不断上升，而小企业的生存空间越来越小。现阶段，我国体育用品的新行业集群效应明显。国内的运动鞋企业主要集中在福建晋江、广东东莞、浙江慈溪、江苏昆山，体育运动服饰产业主要在福建石狮、广东中山、浙江海宁，运动器材主要分布在浙江富阳、苍南以及江苏泰州、河北沧州，排球、篮球和足球用品主要集中在上海、天津、浙江奉化以及福建的永林和长泰。

（三）我国体育用品行业面临的市场前景分析

我国体育用品业在 21 世纪的头十年实现了快速增长。但在快速增长之后，经历了发展的衰退期。随着 2022 年冬奥会的临近，以及我国全民健身运动的开展，将给我国的体育用品产业带来新的发展机遇。

1. 我国体育用品业面临的优势

（1）经济环境优势

我国的金融环境不断发展成熟，这为民营企业的发展提供了良好的融资环境。国内大多数体育用品公司都是私营企业，我国的一些知名品牌的体育用品企业都相继在各地上市。

（2）潜在的市场需求优势

体育用品行业的发展受市场需求变化的影响。我国人口众多，并且居民人均收入和人均消费支出都在增长。另外，人们的健康意识也在发展，体育消费不断增多。在城市化发展过程中，体育场馆和体育设施不断增加。总而言之，我国体育用品市场需求将不断增加，这无疑促进了我国体育用品市场的快速发展。

（3）产业基础优势

我国体育用品业的发展尚不充分，但是我国体育用品业也有自身的产业基础，并具有多方面的发展优势。我国体育产业集群已初步形成，具备了一些国家级的体育产业基地，包括广东深圳国家体育产业基地、成都温江国家体育产业基地、福建晋江国家体育产业基地、北京龙潭湖国家体育产业基地、浙江富阳国家体育产业基地、山东乐陵国家体育产业基地和江苏昆山国家体育产业基地。良好的产业基础优势为我国体育用品业的发展提供了便利的条件。

2. 体育用品业面临的机遇和挑战

（1）赛事全球化带来的机遇

体育赛事的全球化在一定程度上促进了我国体育产业的发展。人们在观看相应的体育比赛时，赛事方面的消费支出就会增多，对体育用品的需求也会增长，一些大型赛事中，赛事特许冠名、经营商品的迅速增加，促进了体育用品行业的快速发展。

（2）企业国际化发展带来的机遇

中国体育用品出口超过世界一半以上的国家，并且保持在相对较为稳定的范围内。我国体育用品企业主要通过在国外设立分公司、邀请国外知名人士代言、赞助国外体育赛事等方式促进体育用品的国际化发展。例如李宁、匹克、安踏等品牌都曾与 NBA 篮球运动员签约，通过明星代言增加自身的知名度。

（3）劳动力比较优势带来的挑战

随着我国社会经济的不断发展，劳动力成本稳步上升，这导致中国体育用品代工制造业逐渐减少了优势，一些国外的企业不得不将生产工厂转移至劳动力成本更低的国家。近年来，我国体育用品业的贸易竞争指数呈现出了下降的趋势，表明了我国体育用品业的优势正在逐渐降低。

（4）全球化发展带来的挑战

随着我国市场的不断开放，大量国外的体育用品品牌占领了我国的体育用品消费市场。长期以来，国外的耐克和阿迪达斯体育用品公司一直占据着中国高中端的体育用品商品市场，而我国的体育用品企业长期在中低端市场发展。我国体育用品业发展时间相对较短，在与国际知名品牌竞争过程中处于不利地位。要想更好地应对国际企业的挑战，应加大自身的科研和技术创新，促进专业人才的培养。

三、体育用品业的发展策略

（一）积极打造体育用品的品牌

人们逐渐认识到了品牌的重要性，通过不断打造国际知名品牌，更好地促进产品的销售和推广。通过打造优秀的体育用品品牌，树立自身的品牌文化，这样能够在竞争中树立品牌优势，从而更容易获得消费者的认可。

在这个阶段，中国体育处于较高的发展水平，但体育用品和品牌文化没有很好地发挥优势。为了提升体育用品的竞争力，应注重品牌的打造，管理者应树立良好的品牌意识，创建属于自身的品牌文化。

（二）体育用品的个性化发展

现代社会注重个性的发展，人们在各方面注重自身的独特性，张扬个性是现代人的重要特点。在体育用品方面，人们也在追求个性化，在体育用品企业推出新产品时，应注重消费者的积极参与，尤其是商品的设计和创意方面，应注重让消费者参与其中。体育用品的个性化发展是体育用品发展的必然趋势，企业应充分注重消费者的需求，适应消费者的购买心理。

（三）体育用品企业营销手段的网络化

现代社会被称为"网络社会"，网络将世界各地的人逐渐联结在一起。体育用品企业在进行营销时，应注重手段的网络化。大数据、云计算等是网络时代出现的重要思维和手段，能够对消费者的偏好进行分析，从而为消费者提供更好的商品和服务。利用现代化的营销手段，能够拉近与消费者之间的距离，开展精确营销，从而提高营销效率。

（四）体育用品产业结构的优化对策

1. 政府加大支持力度

我国体育用品行业起步较晚，随着我国改革开放的不断深入，一些国际品牌涌入我国，使国内的一些品牌遭受了较大的冲击。为了推动体育用品业的发展，我国应积极营造良好的外部政策环境，为企业的发展创建良好的金融和财政政策环境，促进我国企业自主发展能力的培养。

我国确立了社会主义市场经济体制，在此基础上积极完善和规范市场环境，促进市场竞争的有序开展。应推动市场在产业结构调整和资源配置中的基础作用，推动我国企业积极开展现代企业改革，不断提升自身的竞争力。

2. 提升专业化水平

体育用品企业在发展过程中应积极转变自身的经营管理观念，运用管理推动自身的科学化发展。中小企业应积极壮大自身，加快专业化分工，积极推动技术创新。中小企业灵活性较强，能够开展弹性经营，对于市场需求具有较强的适应性。

中小企业应围绕体育用品业的产业链条形成高度专业化的分工、协作，充分发挥自身的专业技术、原材料等方面的优势，促进生产效率的提高。

3. 加强技术创新

中小企业应积极进行技术创新，多采用新的工艺和新材料。促进体育用品向着技术密集型和资本密集型方向转变，增强自身在市场中的竞争力。

4. 加强合作

面对日益激烈的竞争，中小企业应加强合作，促进品牌优势和资源优势的合理配置，增强相互之间的合作，从而营造规模效应。

第二节　体育传媒业的发展

一、体育传媒业概述

(一) 体育传播的特点

在人类发展过程中，信息的沟通与交流促进了人类的不断发展。随着人类社会的发展，信息传播的手段也在不断丰富，并逐渐产生了各种形式的大众媒介，如报纸、广播、电视、网络等。

媒介是文化传播的重要载体，体育传媒业则是媒介产业中的重要分支，包括"体育媒介"本体，以及在此基础上形成的产业分支。体育媒介是很早就形成的一种概念，这主要是指将体育专业人员、体育新闻等体育产业相关的内容（如体育器材、产品、服务）以及类似的辅助性研究（如体育心理学、康复、保健）作为媒体的主要内容进行专业报道。现代体育传媒业具有全景式、全覆盖、全天候等特点。

1. 全景式

现代体育传播具有全景式特点，这主要得益于传播媒介的发展。多种形式的传播媒介共同发挥相应的特点，从而使体育文化的传播具有形象性特点。在体育运动发展过程中，传播媒介起到了积极的促进作用。

在 20 世纪初期，人们如果要了解相应的体育活动信息，就只能通过阅读文字和图片等方式。随着媒体技术的发展，人们逐渐能够通过声音、录像欣赏体育活动，甚至能够参与到体育赛事的传播互动之中。现代多种媒介传播形式使体育活动的报道更加深入、全面、形象，能够更好地满足人们各方面的体育需求。在现代传播媒体的帮助下，人们可以足不出户就观看高水平的体育竞赛，并且花费成本较低，大大促进了体育文化的传播。

2. 全覆盖

随着现代大众媒介的传播，体育传播的手段更加丰富多样，并且大大促进了体育活动的传播范围。随着体育传媒业的发展，人们能够在家中看到欧洲高水平的足球竞赛，也能看到美国高水平的 NBA 篮球竞赛。传播媒介的发展使信息的传播跨越了空间的限制，使体育信息能够在更广泛的范围内传播。

现代各种体育活动能够在全世界范围内产生深远的影响力，正是得益于现代传播媒介的发展，在体育传播媒介的影响下，体育文化得到了快速的传播，人们的体育欣赏能力也得到了较快的提升。

3. 全天候

在电视传播时代，电视体育活动传播具有一定的局限性，时间限制性，由于时区的不同，很多人并不能欣赏到精彩的比赛。随着网络计算机和媒体的发展，人们可以存储关于体育活动的信息，以便方便的时候观看。在现代社会，计算机网络和技术大大提高了向记者和体育爱好者分发体育信息的速度和效率，使采编的方式发生了多方面的变革。

体育传播媒介的全天候发展对体育活动的开展具有重要的意义，为体育活动的传播培养了众多的观众。在大众传播媒介的作用下，体育活动实现了娱乐化、社会化、全球化发展。全天候的体育传播使人们无论何时何地都能够了解到相应的体育信息，其已经成为体育活动发展的重要推动力。

（二）体育运动与传播媒介之间的关系

1. 体育运动的发展离不开传媒的支持

（1）媒体缩小了人与体育之间的距离

随着社会的发展，人们对体育的关注不断增长，与体育的关系日益密切。媒体是两者之间的重要桥梁。公众通过媒体获得各种体育信息，以更多地了解体育运动和参与体育运动。

（2）媒体加速了体育信息的传播

媒体提高了信息传递的速度，使许多无法观看该领域的人能够看到该领域的实时情况，感受比赛氛围并享受比赛乐趣。媒体大大扩宽了这项运动的覆盖面。

（3）媒体推动了体育产业的发展

在媒体的帮助下，特别是将电视转播权转让给重大活动，在体育竞赛中引入广告已成为体育赛事资金的重要来源。没有媒体，现代竞技体育将难以生存和发展。因此，现代体育媒体是竞技体育发展的重要支柱。

（4）媒体增加了运动的曝光度，为体育运动创造了形象

在媒体的帮助下，将宣传、报道、包装和炒作运用到体育运动中，显著提高了体育运动的知名度和关注度。在这个过程中，运动员和教练的影响力与知名度也有所提高。

2. 传媒自身的发展也离不开体育

体育是一个重要的媒体内容。体育宣传和报道是许多媒体吸引广告赞助和观众的法宝。随着人们生活水平的不断提高，人们对文化娱乐生活的需求也在不断增长，体育已成为人们喜欢的休闲娱乐方式和重要组成部分。没有体育内容的媒体是枯燥乏味的。因此，媒体不可能停止跟踪和报道这项运动。

体育是各种媒体进行新闻战的主要内容。新闻报道集中在正确的时间，体育竞赛的竞争以及其比赛结果的不确定性使体育新闻成为媒体报道的焦点。

体育运动增加了传媒的趣味性。体育运动的有趣特征和竞争结果的不可预测性，使体育的相关报道具有相应的特征。体育运动特别是竞技体育，其过程精彩出色，而比赛结果

往往是不可预测的。因此，观看体育运动可以使人们摆脱生活压力，缓解紧张情绪。这也是人们喜欢体育新闻和各类体育比赛的最根本原因。

体育增加了媒体观众和受众范围。体育相关文章覆盖了广泛的观众群体，这是其他内容无法比拟的。喜欢运动的人不分国家、种族、性别或年龄。当人们喜欢运动时，这一偏好往往会持续多个人生阶段。

现代体育运动已经实现了在全世界范围内的传播与发展，虽然语言和文字不同，但是人们体育运动形式大都相同。这使人们对体育运动比赛的欣赏脱离了国家、文化等方面的限制。这使媒体在进行体育信息传播时，能够面向全世界的受众进行传播。

二、体育传媒业的发展现状与趋势

（一）体育传媒业发展现状与问题

1. 体育传媒业发展现状

体育传播媒介是人们了解体育信息的重要途径，其发展现状表现在以下几方面：

（1）体育传媒向专业化、多元化发展

我国体育传媒业发展较快，在体育信息传播的过程中，产生了相应的产业链条，使得体育传媒产业不断发展壮大，成为体育产业的重要组成部分。体育传媒产业实现了体育信息的传递，同时创造了相应的经济收益。目前，随着我国网络媒体的兴起，国家对体育传媒的控制正在逐步放宽，很多体育运动比赛的直播不再限于中央电视台的几个频道。体育传播媒介正在向着多元化、专业化的方向发展，并且传播的内容和形式逐渐丰富多样。

（2）体育传媒市场化程度较高

随着社会经济的发展，人们的体育需求不断增高，体育市场逐渐繁荣。如今，体育已经成为人们日常生活的重要组成部分，人们可通过多种渠道观看体育比赛，了解相应的体育信息。体育传媒业利用先进的设备和技术，更好地向观众传播体育赛事，促进体育事业的发展。随着人们对运动需求的不断提高，人们对体育媒体的需求也在不断增长。在技术方面，更便捷、更清晰的要求越来越强烈；在媒体方面，对于其人员专业素养的要求也在不断提高。

（3）体育传媒业传播渠道多

体育传媒市场广阔，吸引着众多的媒体参与。在各大门户网站，都有相应的体育板块。体育传播媒体之间竞争激烈，而体育传播媒体之间的竞争促进了传播媒体的多样化，丰富了人们了解体育信息的渠道，促进了体育传播媒体的发展。体育传播媒体在进行体育信息的传播时，会进行立体的信息传播，直播、图片、文字等同步传播，电视、网络、App、微博等立体开展，在这一过程中受众还能够与媒体进行互动。

2. 我国体育传媒业存在的主要问题

（1）综合性、平衡性难以实现

现阶段，体育传媒业的发展存在一定的不平衡性特点。具体表现为，在进行体育信息的传播时，一些特色项目和优势项目得到了更多的传播机会，而一些其他项目的比赛不能得到有效的传播。这种不平衡性在一定程度上是由于市场需求的发展决定的，但也反映了我国体育传媒业市场开发过于集中的问题。这使一些传播媒体对其他形式的体育运动项目很少传播，从而在一定程度上损失了一些潜在的受众。

（2）体育新闻相关人才的缺失

现阶段，我国的体育新闻与编辑人才相对较为缺乏，在新媒体不断壮大的同时，这一问题更加凸显。一些优秀的体育媒体人相对较少，而各种形式的体育传播媒介缺乏专业的新闻传播方面的人才。这使我国体育传播业对高素质人才的需求更为强烈。

（3）客观、真实性难以保障

我国体育传播相关行业的从业人员的专业素养普遍不高，这导致在进行体育相关信息的传播时很容易出现内容不严谨，甚至错误百出的现象，体育相关信息的客观性和真实性难以得到保障。人们在阅读相关的体育信息时，会看到一些不实报道，这对体育新闻业的发展是极为不利的。在对一些国外的新闻信息进行翻译时，根本不会对其真实性进行辨别，这是造成不真实的体育新闻的重要原因之一。另外，很多体育传媒的从业人员缺乏体育方面的素养，从而导致报道时出现错误。因此，加强体育传播从业人员的新闻传播素养和体育素养是尤为必要的。

（二）全球化的机遇与挑战

1. 全球化给体育传媒带来的机遇

（1）文化震惊效应

不同文化的群体在进行接触时，会在思想和心理方面产生一定的混乱和压力。在文化的互动与交流过程中，普遍存在着文化震惊效应。在体育文化的全球化发展过程中，国际体育传播媒介对我国传播媒介会形成一定的文化震惊效应。在中外体育传媒业的交流与沟通过程中，必然会促进我国体育传媒业向着更好的方向发展。例如，当美国 NBA 篮球比赛传入我国时，对我国篮球传播媒体的影响是巨大的。20 世纪 90 年代，随着 NBA 传入我国，我国的篮球热快速兴起，各大媒体竞相报道篮球方面的信息。

（2）内容的扩展以及受众的增加

在全球化发展过程中，我国的体育传播媒体对世界相关体育赛事的报道逐渐增多，并且报道的内容开始涉及诸多方面，从而使体育媒体的受众不断增加。我国人口众多，为体育传媒业的发展提供了大量的潜在受众。在全球化进程中，中国传媒业的质量和规模将继续扩大。

（3）体育产业的升级

随着经济社会的不断发展，人们的体育需求也在不断增长，从而在一定程度上促进了体育产业的发展。因此，作为体育产业重要组成部分的体育传媒业也将不断发展壮大。在全球化发展背景下，传媒业不仅要实现区域、国家内的信息传播，还要注重国际体育信息的传播。因此，随着体育产业的不断发展，我国体育传媒官办的现状在市场经济环境下将发生适应性的变革，体育产业的优化升级面临着良好的发展机遇。

2. 全球化给中国媒体带来的挑战

（1）产业化方面的挑战

我国长期以来对传媒业的要求较为严格，传统的传媒业注重新闻信息的传播，注重社会效益的实现，产业化、商业化和专生化程度相对较低。因此，在全球化发展过程中，国外体育传播媒体对我国体育传播媒体具有较大的冲击。

（2）经营管理技术的挑战

我国的传播媒体的发展比较趋向传统的管理方法，管理运作模式具有较大的传统性。在市场经济发展过程中，我国传统媒体面临着较大的挑战。

（3）人才发展和培养方面的挑战

我国传媒业存在着人才结构不合理的现象，专业体育传媒方面的人才较为匮乏，并且外语人才、管理经营方面的人才也相对不足。这都在一定程度上限制了我国体育传播业的发展。也给我国传媒业的人才培养和发展提出了巨大挑战。

三、我国体育传媒业的发展对策

（一）加强国际之间的合作交流

世界传媒巨头都不会满足于在一国之内开展相应的传播业务，会涉及全球化业务运作。通过不断扩大规模，获得更好的发展空间。在全球化发展过程中，我国应注重全球化发展的趋势，积极与其他国际体育传媒机构展开交流与合作，加强自身的实力，在全球化发展过程中不断实现自身的发展。

（二）新理念的树立、高素质人才的培养

1. 学习先进的管理理念和经营方法

我国体育传媒业发展过程中，应积极学习和借鉴现代化的管理理念和经营方法，以更高的效率开展业务。学习和借鉴发达国家的经验，能够为我国体育传媒业的发展提供一定的思路和方向，避免走弯路。需要注意的是，借鉴先进理念和管理方法的同时，应充分考虑我国的基本国情。我国体育传媒业具有自身的特殊性，应立足于我国的实际，结合我国的具体国情开展相应的经营管理方面的创新。

2. 加快高素质传媒人才的培养

现代多方面的竞争归根到底是人才的竞争，体育传播业的竞争也同样如此。鉴于我国体育传播业的从业人员素质相对较低的问题，在体育传媒业发展过程中，应积极注重高素质体育传播人才的培养，提升体育传播从业人员的整体素质，这对我国体育传媒业的发展具有积极的意义。

我国应对社会需要进行分析，培养社会需要的体育传播人才。体育传播人才不仅要具备良好的新闻素养，还要掌握多方面的传播技能，同时对体育方面的理论和知识也应深入掌握。除此之外，还应注重体育传播方面的外语人才的培养，以及相关管理人才的培养。通过多种手段建立完善的体育传媒人才培养体系，促进体育传媒业的长远发展。

（三）体育传媒的集约化发展与综合化

1. 集团化发展

现阶段，我国的平面媒体、电视媒体与网络媒体之间并没有形成有效的整合，相互之间没有建立有效的联系，经常是独立运营和发展的，随着全球一体化的发展，对规模经营的要求不断增加，体育传媒需要不断扩大规模，实现整体效益。

体育传媒在发展过程中，通过多方面的合作，能够实现资源的合理配置，促进资源的利用，提高经营的规模，国内的传播媒体实现集团化发展对体育传媒业具有巨大的作用与深刻的影响。

在体育传媒业发展过程中，应积极拓展体育传媒业的发展空间，探索传媒业与体育产业两者更好的结合方式，推动体育传媒业的规模化发展。

2. 跨媒体资源的优化整合

在传媒业发展过程中，只有积极整合相应的资源，充分利用资源的全部效益，才能取得更好的发展。媒体资源的结合是未来体育传媒产业的重要发展方向，在体育媒体行业的发展中，媒体组合的实现可以通过两种方式完成：一是平面媒体可开展相应的电视节目、电台节目以及相应的网络节目；二是电视台、网络媒体应拓展自身发展空间，积极开展多方面媒体渠道的传播。

但在媒体整合的过程中，必须继续保持核心优先，不断完善，不能忽视媒体本身的核心业务。只有了解本质，加强合作，才能获得更多的市场份额，增加体育传媒业的兴趣，让利益最大化。

（四）体育传媒业运作模式的改变

我国体育传媒业受到行政手段的影响相对较少，随着经济社会的发展，体育传媒业也快速兴起。在体育传媒业发展过程中，我国应树立长远的发展目标，积极塑造传媒品牌，促进市场的开拓，同时，应根据市场需要开发新的传媒产品，赢得受众的信赖。

（五）加强与资本市场的接轨

要想使体育传媒业在激烈的竞争中获得更好的发展，应实现集团化发展，增进相互之间的合作，实现资源的优化配置。我国体育传媒业规模扩大、效益提高，最便捷的道路无疑是与资本市场进行合作。长期以来，我国传媒业与资本市场的接轨相对缓慢，并且存在一定的风险。但是，传媒业与资本市场的接轨是必然的发展趋势。我国应积极促进传媒与资本市场的合作，同时制定相应的规避风险的措施，确保传媒业的健康发展。

（六）重视理论的研究以及传媒业相关的规律建设

现代传播学是一种新兴学科，还有很多有待发展和完善之处，体育传播学更是如此。因此，我国应积极注重体育传播方面理论的研究，在实践发展的同时积极注重理论的创新，掌握体育传播的基本规律，并应用于体育传播业的发展。高校、科研机构和相应的传播媒体应注重体育传播理论的研究，掌握体育传播的前沿理论动态。

第三节　体育广告业的发展

一、体育广告业概述

（一）体育广告的含义

通俗意义上来讲，广告活动即为"广而告之"。将相应的商品信息传达给消费者，这即为广义上的广告活动。广告首先是一种宣传活动。这是一项交流活动，为媒体中的某些对象执行相应的商品信息，以实现某些商业宣传、传播的目的。美国市场营销协会对广告的定义如下：广告是以广告商明确支付的形式，采用一种非人际的传播（主要是媒介），以达到对商品引入和推广创意、介绍服务的目的。

广告主可以是个人或相应的组织，其在开展广告活动时，需要向媒体支付相应的费用。不同的媒体具有不同的特点，其通过相应的形式将企业、商品的信息传递给消费者。

从广义上来看，包含运动元素的广告可以称为运动广告。从狭义上讲，体育广告是指广告主通过与体育相关的媒介形式，将产品和企业信息传递给消费者的一种信息传播活动。

（二）体育广告的要素

1. 体育广告的主体——广告主

研究广告时，先需要说清楚"谁在做广告"，即是谁想要做出明确的广告的广告商。广告商是指愿意承担相关广告费用，并发布商品或服务以及其他信息的法人实体、其他经济组织或个人。

由此可见，要成为一则广告的广告主，应该具备相应的条件：第一，具有独立的民事主体地位，能够承担相应的民事责任；第二，具有明确的广告目的，如销售商品、服务、创造企业或产品形象、宣传特定的想法等；第三，愿意承担、提供或支付相关的研究、设计、生产、代理、广告费用。作为广告信息的发布者和领导者，广告商既是广告赢家，也是广告费用的支付者。因此，广告商处于广告活动的主要地位，人们称之为广告的主体。

同时，在此要说明的是"广告主"与人们通常听到的"广告客户"实质是同一所指，只是因为参照物不同，所以称呼不同。"广告主"是以整个广告活动为参照，因其在整个广告活动中起着主导作用而称之为"广告主"。相对于广告的经营者、发布者而言，"广告主"就是他们的"广告客户"。

2. 体育广告的中介——广告代理商

广告主是广告的发起人，企业作为广告主，一般有两种方式做广告：一是自己干，委托本企业的专人或专门机构经办，自行设计、制作和发布，这需要有相应的设计人员、设备及发布的场所和条件；二是使用专门性的服务，由广告公司等专业机构制作、发布和代理，它们就是广告的代理经营者。在多元化的时代，随着职业分工的细化，由专业的广告公司进行具体事务操作的情况比较多。

广告代理是商品经济发展到一定程度的产物。作为广告中介服务机构，广告公司和广告媒体占据了中间位置。是广告商和广告媒体之间的桥梁，一个是需要做广告的客户，另一个是可以提供广告传播的媒体单元。广告代理商可以将广告活动中的供求双方连接起来，具有双向服务、双重代理的性质。

作为该机构的广告商要进行规划、宣传和制作广告的工作，包括市场调研、广告计划设计、广告设计和制作、媒体选择以规范发布和传播、反馈信息或测定效果。现代广告需要各种专业人才，要用群体力量才能执行广告计划。但是，一般企业的广告工作都具有季节性、间歇性的特点，如果企业自己雇用专职人员，易造成人才浪费，企业要想花较少钱而又得到多种服务，最好的办法就是选择独立于客户和媒介的广告代理商，其有多方面的人才，可利用全面技能和经验，职责集中，可简化协调和管理程序，可以进行整体策划，将广告创作与营销直接结合，在创意上有较大自由，易产生灵感，在媒介使用上，较少有偏向性，而更具客观性。同时，广告主选择广告代理商也有较大余地，产品种类多的企业可选择一家或多家代理商为其服务，如果代理服务不佳也可以及时更换。在多数工业发达的国家里，广告主一般都选择一家或几家广告公司做代理。世界上许多著名的、成功的广告无一不是广告代理商做出的贡献。另外，广告代理商还代理传播媒介，寻求客户，销售版面或时间，扩展广告业务量，承揽广告业务。广告代理商能满足媒介对广告业务的需求，增加媒介的广告收入，能减少媒介单位具体的广告准备工作，能精简媒介单位的人员，节省开支，能使广告设计制作水平提高，能帮助媒介单位承担经济风险和法律责任。

需要说明的是，广告代理商与广告主结成"伴侣"是相互选择的过程。目前，我国的体育产业还是朝阳产业，大多数时候停留在广告商采取主动的"求爱"行动，找客户"拉"广告。广告代理是广告现代化的标志，随着市场经济的建立和体育事业的蓬勃发展，更多的应该是广告主主动出击找广告代理商。

3. 体育广告的途径——广告媒介

体育广告在广告的对象、内容和目的上，与一般广告差别不大，但在广告的媒介上差别却十分明显，有自己的特色。除了拥有与所有广告相同的广告媒介之外，还有很多体育活动所特有的广告媒介。比如，比赛冠名权、比赛场地广告、专利产品广告、体育俱乐部赞助、运动员代言等，这些都可以称之为体育广告的媒介。

4. 体育广告的内容——广告信息

广告信息是广告的最基本内容，商家或企业以体育活动为中介与广告的受众发生联系，其主要目的就是传播商品或服务信息。因此，广告信息是广告所要倡导的有关商品、劳务、观念、意识的信息，是广告传播中的主体内容。从信息性质上分类，人们可以把信息分为商品信息、服务信息、社会信息、形象信息和观念信息五大类。比如，有关体育产品的直接销售的广告信息就是商品信息，NBA 广告传播的信息就是一种篮球运动的观念信息。

5. 体育广告的客体——广告受众

广告的创意追求最完善的传播效果。在广告的创意设计中，每个广告都应该有一个明确的目标——适合任何人。换句话说，在创意设计中，先要发现目标受众。广告是针对购买和听到购买的人。这个"买家"包括真正的消费者和广告公众的潜在客户。一般广告不是所有客户的目标。相反，它通过关注企业营销和产品市场定位确定目标市场，然后将目标市场客户作为主要的广告目标。

作为广告信息的接收者，受众对象具有被动性，只能接受广告商做的广告。同时，作为对广告信息的理解，宣传对象具有主观和积极的方面，可以给予选择性的关注、接受甚至拒绝广告信息。

（三）体育广告的特点

传播媒介是信息传播的重要载体，在信息传播过程中，体育活动的各方面要素也是重要的传播媒介，发挥着相应的信息传播的功能。

体育广告与其他形式广告的区别是，其广告媒体性质的差异。体育广告使用体育场馆、体育比赛、运动员和体育出版物等信息传播信息，而这些都是体育广告的媒体。在奥运会开赛时，很多企业都会借助奥运会开展广告活动，很多企业都会冠名一些体育赛事、球队，从而提升自身的知名度。

体育广告能够使广告主将相应的商品信息传递给可能的消费者，从而实现生产与消费之前的沟通。一些体育广告能够激起人们对商品的购买兴趣，激发人们的消费需求。通过开展体育广告活动，还能够促进企业形象的树立，扩大企业和产品的知名度。

二、《广告法》下的体育广告业的发展

（一）新修订的《广告法》的影响

新修订的《广告法》对我国的广告行为进行了进一步规范，对广告违法的惩罚力度有

所加强，对我国体育广告业也产生了相应的影响。《广告法》的修订对市场秩序的维护具有重要的意义。

1. 给体育明星代言广告敲响警钟

著名的体育明星、教练员影响力较大，往往是广告商的关注对象。以前一些体育明星代言的广告出现了问题，或为虚假广告，或夸大了商品效果。新的《广告法》对广告代言人进行了约束，体育明星在广告代言方面的违法成本将会大大增加，主要表现在三方面。

第一，广告代言人不应该推荐或认证他们未收到和未使用的商品或服务，否则将会由相关部门予以没收违法所得，并处违法所得 1 倍以上 2 倍以下的罚款。

第二，如果代言了相关商品并造成了对消费者的损害，或出现明知广告虚假而仍然推荐的证明，在民事上要和广告主承担连带责任，在行政责任方面要由相关部门没收违法所得，处违法所得 1 倍以上 2 倍以下罚款，并且 3 年内不得再担任广告代言人。

第三，规定医疗、药、医疗器械和保健食品等商品或服务不能用广告代言人做推荐、证明。

2. 对体育赛事植入式广告加以规范

体育赛事关注度高，传播范围广，是进行品牌传播的良好平台。体育赛事广告中有很多植入广告，将商品品牌、标示等呈现在比赛过程中。我国以前的广告法规对赛事植入广告缺乏监管。新修订的《广告法》对植入式广告做出了明确的规定：广告必须是可识别的，并使消费者能够将其识别为广告，大众媒体不应以新闻报道的形式变相地发布广告。

3. 对体育场馆户外广告管理

户外广告形式多样，体育场馆的户外广告存在监管不善的问题。而新修订的《广告法》并没有彻底解决户外广告存在的问题。新修订的《广告法》与之前的相比，其明确了广告监督管理部门为工商行政管理部门，并要求在体育比赛场馆中禁止发布户外烟草广告。由此可见，新的《广告法》虽然有了较多的变化，但是并没有彻底解决体育场馆户外广告的监管问题。

4. 对体育媒体机构的广告业务监督更加严厉

广告的发布需要借助相应的传播媒体，因此对媒体结构的监管尤为重要。现阶段，很多媒体都是自己进行创收，而媒体的收入很大部分来源于广告收入，一些媒体监管不严格而导致很多虚假广告层出不穷。新的《广告法》对广告媒体和平台进行了严格的规定，对虚假广告增加了处罚的力度。

（二）如何适应新《广告法》

1. 全方位加强体育明星代言广告的监管和执法

新修订的《广告法》规定，广告客户不应对尚未收到的未使用产品或服务提出推荐、证明。如果进行虚假广告代言，应当与广告主承担连带责任。体育明显具有较强的影响力，加强对其代言广告的监管，应做到明星自身、监管部门和立法部门共同协作。

2. 法律道德双管齐下

现阶段，在大型体育赛事上投放广告是品牌营销的重要途径。然而，在监督广告投放体育赛事和其他广告形式时存在问题，应该加强对广告投放的监督。具体来说，应该注意两个方面：一是法律和法规规范广告体育赛事的运作。将其归纳到商业广告的范围，并受到广告法规的管制和约束；二是用商业活动中的约定俗成和道德规范对赛事植入广告进行约束。企业的各项商业行为必须符合社会伦理道德，受到商业道德的约束。

3. 立法机关加大户外广告的管理立法力度

户外广告的立法和管理相对较为落后，导致很多执法不严的现象产生，因此应加大户外广告管理的立法力度。具体而言，应从以下三方面入手：一是明确广告产权归属，为产权纠纷的解决确立必要的法律依据；二是明确各政府部门的职责，避免各部门相互推脱责任；三是明确户外广告的执法权，避免多部门混乱管理。

4. 体育媒体机构应加大对广告发布的管理力度

体育媒体机构应将创作合法合规的广告作为承担社会责任的重要举措，对广告发展严格把关，杜绝虚假广告和违法广告的出现。具体而言，应注意以下两方面：一是建立完善的广告监管机制；二是完善内部管理制度。

第四节 体育彩票业的发展

一、体育彩票业概述

（一）体育彩票的含义

体育彩票也称体奖券，是指以募集体育资金的名义发行的，以数字、图案或文字印刷的，供人们自愿购买，并可证明买方有根据规则获得奖金的权利的有价凭证。从基本意义上讲，体育彩票是市场经济的产物。它本质上是一种商品，是一种具有特殊价值并满足特定需求的商品。

彩票是国家为支持社会公益事业而特许专门机构垄断发行，供人们自愿选择和购买，并按照一定的规则取得中奖权利的有价凭证。目前，这是最权威的彩票定义，表明了发行彩票的目的、发行方式和彩票的性质。

（二）体育彩票的类型

1. 传统型彩票

传统的彩票是指通过彩票抽奖的方式确定赢家的彩票。如果买方持有的彩票号码与提款号码相同，则可以授予中奖彩票。传统的彩票是固定号码，买方不能选择号码，中奖规则提前设置，彩票集中开奖在销售彩票后的 15 天到 30 天。

2．即开型彩票

彩票即开型也被称为"即开即兑型彩票"，这是一种彩票形式，是购票者在销售点完成购买和兑奖的过程，彩票即开型可用于了解彩票购买后是否赢得奖品。随着即开彩票的不断更新，形成了揭开式、撕开式、刮开式三种不同的具体形式。

3．结合型彩票

结合型彩票的类型是指将传统彩票和即开两种类型相结合的彩票。这种类型的彩票可能有不止一次中奖机会，这对人们更有吸引力。

4．乐透型彩票

本义是"幸运""吉祥"和"分享"。乐透型彩票的形式非常有趣。是由购买者自己选择数字。通常，在一些数字字段中选择一些数字以形成一注彩票。奖金水平根据彩票号码确定。世界上有 30 多种乐透彩票类型，但其玩法类似。彩票和电脑、网络、电视机等结合，完善了彩票业的运作机制。

5．数字型彩票

数字彩票是一种投注形式，其中买方根据所需的位数选择数字，并且以不同的组合方法确定奖金的数量。这种形式通常是每日抽奖。数字彩票的发展和扩展基于技术支持。彩票形式与电脑网络密不可分。最有效和最全面的自动处理系统，将是最流行的数字彩票。

6．竞猜型彩票

这种类型的彩票是针对体育比赛结果的问答类型的彩票。最出名的是足球彩票和赛马彩票。也有地区选择棒球、篮球、橄榄球和自行车作为彩票内容。对于足球彩票，有很多玩法。你可以考虑谁是赢家，哪个球队是最先进的球员，结果是什么。彩票的类型更具有主动性，买方可以根据自己的主观意愿购买。这是一款智力游戏，因此受到彩票爱好者的喜爱。

二、体育彩票业的未来发展对策

（一）加强法制建设，完成国家对彩票的立法

体育彩票的合法性和公正性是其长久存在的重要原因。合法性与法律保护是分不开的。彩票业在世界各国一直是一个有争议的行业。正因为如此，应该实施立法以保护彩票行业和经营彩票业务的合法性。全球有 120 多个国家发行彩票，其中大多数已经完成了国家博彩立法。立法涵盖的主要内容包括三个方面：执行政府控制的形式和程序；对市场保持统一和规范的态度；对集中资金使用的方向和范围。只有所有的发行和销售都根据法律进行管理和运营，博彩业才可以健康有序地发展。

1. 彩票管理部门的职责与权限

彩票管理部门作为政府授权的彩票管理机构，将有权发布有关彩票的具体规定和指示，以及维护国家彩票法律法规的义务。授权管理部门根据市场变化及时制定相关博弈规则和管理办法，以执行中国《彩票法》，真正解决问题。

2. 彩票公益金的使用、分配与监管

发行彩票的主要作用就是筹集公益金为我国体育、福利和社会公益事业做贡献。而对彩票公益金的使用、分配与监管正是人们关心的焦点问题。公众彩票福利基金的使用是发行彩票意向的一个体现。《彩票法》对此必须做出明确的规定，严格审查制度和程序，才能有助于彩票事业被广大群众接受和被社会认可。

公众彩票福利基金的使用是发行彩票意向的体现。如何使用这笔钱对促进体育、社会福利和福利服务具有重要意义。因此，严格的财务制度和加强监督和审计是维护这一事业健康发展的基本保障。

3. 必要的保护条款

彩票之所以有争议，是因为它具有消极的一面，在经营中应尽可能地扬长避短。法律应对没有行为责任能力者购买彩票做出必要的禁止性规定，减少其带来的消极影响。例如，关于未成年人，现规定未满 18 周岁者不能购买彩票，但实践中很难操作和实现。由于彩票是公益事业，是一种为体育、社会福利事业集资的活动，从这点上讲，每个人都有权利购买彩票。但是，从保护未成年人身心健康角度出发，体育彩票管理部门不提倡未成年人购买彩票。如果发现有人一次性投注太大的话，彩票销售人员也要对其进行劝阻。故对这类问题，《彩票法》中也应该有明确的规定。

（二）建立科学有效的彩票管理体制

科学有效的管理体制是体育彩票健康发展的基础。从世界许多国家彩票发展的历史经验看，发行机构的独占垄断是世界上最常见的利用市场结构的形式。只是授权的部门各国略有差异，但实质均是以独家垄断为前提，由政府授权独家发行彩票，而彩票的玩法或种类多种多样。可以对我国彩票管理体制进行以下设计。

1. 加强对彩票的监管

我国应设立国家彩票管理局或中国证监会、中国保监会和行业协会等类似机构，对中国彩票行业实行统一监管。

（1）创立国务院直属的彩票办事处

这种方案符合世界上一些国家的做法，使募集到的资金没有部门化的倾向，可以由国家整体组织并适当分配，但容易淡化彩票特有的社会形象，容易让人产生这仅是一种"筹钱"的普通机构。

（2）成立类似中国证监会和保监会这样的组织机构

这种机构应该具备以下条件：一是权威性，最大限度地利用现有彩票发行网络体系达到规模经济性。对全国的彩票进行统一发行、统一印制、统一管理、统一销售渠道、统一使用分配、统一监督。二是为确保其经营目标和经营成果体现出最高程度的公益性，避免发行管理费用的结余被非政府的利益集团所获，从而避免动摇人们对彩票公正性、公益性的信念。它由国家管理，由舆论监督。三是为避免"一套机构，两块牌子"，彻底实现政企分开。它必须与政府部门完全脱钩，实行行政机构进行管理加企业公司具体运作的模式，这是彩票业发展的必然趋势，也是中国彩票业与国际接轨的重要标志。四是对于彩票资金的筹集与使用，为实行统一管理，必须要打破部门界限。为彩票业长远发展全面考虑，不必再另外成立跨部门的委员会，可以借鉴监证会和保监会的成功经验，有助于在各部委办中协调，且不涉及其他部委办的矛盾，这是目前最可行的方案。但是，目前彩票业相较金融业、保险业份额在国民经济中所占比重还有相当大的距离，设置这个机构决策的前提是有没有决心把博彩业做大。

（3）成立中国彩票业协会

设置这种机构的前提是，只有授权中国彩票业协会这种类型的机构相应的特殊权利和责任，才有可能使其担负起主管的使命。

无论采取哪种机构的监管方案，都要从彩票业自身的特殊性考虑，必须实行独家垄断经营和政府管制。

2. 构建高度垄断的国有独资彩票总公司或彩票集团公司

所谓国有独资公司，按我国《公司法》规定，是指国家授权投资的机构或部门单独投资设立的有限责任公司。这是一种特殊的企业组织形式，适合某些独特的行业，这些独特的行业包括生产经营不直接以盈利为目的，而以社会效益为主，兼顾经济效益的行业，彩票正属于这一行业。

3. 对彩票的发行类型不再加以限制

我国彩票的类型近年来已有很大的改观，从传统型、即开型发展到了现在的乐透型和足球彩票。传统观念认为，乐透型或主动型彩票就是赌博，这是一种错误的认识。人们应该加快发展步伐，进一步放开彩票的发行种类。由于种种原因，我国在此方面还有一些限制，这样不利于彩票市场的健康、快速发展。对于彩票业中的具体玩法，应依靠市场解决，而不是政策上的人为限制。

（三）创新营销模式、前途光明的即开型彩票

1. 为即开型彩票加大宣传力度，开启其"生命线"

即开型彩票规模销售作为一种局部地区的定期市场行为，宣传方式的应用是重中之重，也就是通俗讲的"广告"。如何在有效的时间内让最大的目标人群获取信息，并且乐意参加购彩活动，以达到广而告之的目的，应注意考虑以下几个方面：

（1）即开型彩票规模销售

和各个地区的经济发展水平有很大关联，因此地区经济分析是必不可少的，城市的经济总量、发达程度，以及外来打工者所在地区的比重都是重要的指标。这些数据的获得，对彩票宣传方法的使用、宣传投入等具有决定性作用，可以控制宣传投入的总量。

（2）即开型彩票市场的定位

这里的市场定位主要是指针对购彩人群进行有选择的宣传。分析各个地区的即开型彩票的主要购买人群，以及主要购买人群的聚集地区，使宣传做到有的放矢。

（3）宣传方法的选择

这是一个很重要的方面。有些即开型彩票规模销售组织者为了图省事，简单地利用报纸、电视、广播等媒体进行宣传，忽视了即开型彩票的主要购买人群采集信息的渠道，往往效果落得事倍功半。宣传方法要出新，群众喜闻乐见的方法是必不可少的，切合地区实际情况的宣传才是好的宣传方法，不能使主要购彩群众无法及时接触信息。

（4）宣传的到位程度

也就是宣传的"炒作"热度。这需要组织大量的人力、物力，是一件很辛苦的事情。看宣传到位程度够不够，只要细心留意一些街头巷尾的谈话，彩票是否已经成为该地区的一个热点。在销售之前，看看该地区是否真正形成了购彩氛围。

（5）购彩现场宣传

现场宣传离不开氛围的营造，使到场的彩民有一种开心购彩的欲望，这些工作离不开经验丰富的主持人，以及明星聚集人气的效果。事实表明，明星在将来的一段时间内是现场宣传、烘托气氛的一大法宝。宣传工作是销售成绩取得好坏的最大因素。只有重视市场，重视与销售相关的宣传工作，才是即开型彩票销售走上良性发展道路的关键。

2. 开发新的品种与玩法

为了更大限度地吸引彩民，彩票要有更多的玩法和品种。在玩法上人们不妨多借鉴国外的先进经验。比如，法国的即开型彩票，因为玩法灵活、票种设计繁多，能够引起不同消费人群的兴趣与关注，所以它的年销售量占全国彩票的40%。一年之中的各种节日成为被广泛利用的素材，如情人节、母亲节、圣诞节等，每个节日都可以引起与节日有关的人的关注，因此可开发一些"节日彩票"吸引更多的彩民。

第五节　体育旅游业的发展

一、体育旅游概述

（一）体育旅游的概念内涵

随着经济社会的发展，各方面的竞争也更加激烈，在现代社会，人们普遍面临着较大的社会压力，特别是上班族，他们长期处于压力状态，适当进行休闲就显得尤为重要。虽然各种休闲娱乐项目不断兴起，但是人们更愿意到新的地方体验新鲜感。因此，体育旅游正成为很多人的选择。

体育旅游可理解为有身体参与性活动的异地休闲活动。这种方式的活动具有良好的体育锻炼价值，能够促进身心的健康发展，增长相应的知识。体育旅游对于上班族来说，具有强身健体的作用。同时，在旅游过程中，还可以拓宽眼界，增长见识。

我国社会正在逐步进入老龄化阶段，各项休闲娱乐具有"轻体育"的倾向。"轻体育"有益于人体健康的发展，还能促进精神和心理方面的调节，对于中老年人来说具有重要的价值。体育旅游属于一种"轻体育"，对中老年人特别适合。

体育旅游是体育活动与旅游活动相结合的产物。通常情况下，体育学研究者对体育旅游的概念界定从广义和狭义两个方面入手，旅游研究者则往往从参与动机和旅游属性这方面进行分析。

从广义上看，体育旅游应归为旅游的范畴，其是在旅游过程中各种休闲、娱乐、体育及体育文化交流等方面的活动，与旅游企业、旅游地及整合社会之间关系的总和。

从狭义上看，旅游者为了满足体育需求，利用各种体育活动并充分发挥其各种功能则称为体育旅游，这种活动使旅游者的身体和心灵得到全面的健康和谐发展，并不断促进社会精神文明的进步，不断丰富社会文化生活。

（二）体育旅游的基本类型

体育旅游分为不同的类型，从体育学、旅游学、休闲学和探险学等角度对其进行综合分类。

1. 参团体育旅游

一般将参加团体体育旅游分为三类，即观赏型、参与型和竞赛型，这些形式的体育旅游类型有不同的特点。

（1）观赏型

在参加团体体育旅游中，观赏型的体育旅游者的参与活动程度相较其他类型较低。在观赏型体育旅游的活动中，旅游者主要通过自身的感官欣赏和体验体育活动、体育景观和体育文化等，从而在这一过程中获得良好的愉悦感受。旅游者在参与过程中，相应的费用一般一次性缴纳，并且旅游组织者统一安排各类活动，内容相对其他两项较为固定，个人自由安排活动的自由度相对较小，对自身体能消耗也很小。

（2）参与型（包括团队体育休闲的活动）

参与型参团体育旅游活动与观赏型参团体育旅游活动相比具有很多相似之处，都是由体育旅游部门进行统一安排，并且都是一次性缴纳相应的费用。其不同之处主要表现在两方面：参与型参团体育旅游活动不仅需要旅游者观看，还需要其亲身经历参与到其中的活动中；其需要在相关人员的指导与陪同下完成相应的体育运动项目，但是其参与的活动主要是以体验、感受和娱乐为目的。这一类型的活动虽然个人自由安排活动的自由度相对较小，但是其活动消耗体能相对较大。

（3）竞赛型

竞赛型参团体育旅游活动主要目的是参与某种体育竞赛而进行的旅游活动，这一类型的体育活动对团队行为的要求相对较为严格，对参与者的年龄、性别和团队的人数等都有一定的要求，一般为报名参加的形式。竞赛型参团体育旅游的特点主要表现为较为注重团队协作，几乎没有个人自由安排的时间，需要在规定时间内完成相应的竞赛项目，并且相应的体育活动都具有较强的挑战性，参与体育活动者承受的身体负荷相较前两者都要大。

2. 自助体育旅游活动

自助体育旅游是时下非常流行的一种旅游形式，尤其是随着私家车的增多，人们通常利用节假日进行自驾游。这一类型的体育旅游活动很少依赖外界的帮助，通常自己安排相应的体育旅游项目。通常情况下，可以将自助体育旅游类活动分为两种，即户外体育休闲和自助户外竞技探险。

（1）户外体育休闲

户外体育休闲的主要内容是体育活动，其相对较为自由的旅游形式，没有相应的限制。户外体育休闲类的体育旅游活动包括健身娱乐型体育旅游、度假型体育旅游和保健体育旅游。下面对这三方面的体育旅游类型进行分析：

①健身娱乐型体育旅游

健身型体育旅游的主要目的是体育健身、体育疗养和体育康复。健身娱乐型的体育旅游更加注重娱乐性健身理念，在娱乐过程中具有明确的健身目的。

②度假型体育旅游

旅游者主要是为了度假而进行的旅游活动，人们会利用长假进行，如国庆黄金周、春节等进行体育旅游活动。旅游者在参与这一类型的体育旅游活动过程中能够达到消除疲劳、调整身心和排遣压力等效果。

③保健体育旅游

保健体育旅游具有非常强的目的性，人们参与这一类体育旅游的主要目的是为了治疗疾病、恢复体力等。具体而言，这一类体育旅游主要有两种类型：其一，将药疗、气功、电疗、食疗、针灸、按摩等技术措施与森林、气候等具有疗养价值的自然条件相结合，以疗养旅游为目的，帮助参与者治疗和康复身体，常见的有海滨度假、高山气候疗养等；其二，在自然条件下，进行滑雪、登山、游泳、划船、冰上活动、打高尔夫球等旅游活动的体育旅游。

（2）自助户外竞技探险

自助户外竞技探险特点显著，其具有挑战自我和自然的特点，与各种户外体育运动具有密切的联系。参与这一类型体育旅游的游客个性较强，将自身与大自然作为对手，不断追求自我的极限，不断征服自然。竞技探险类体育旅游项目包括地下洞穴探险、登山探险以及高空跳伞等活动。

二、体育旅游业的构成与特征

（一）体育旅游业的构成

体育旅游业在我国发展迅速，将成为旅游业的重要组成部分。体育旅游是一种重要的旅游项目，具有自身的独特性，也具有一般旅游项目的特点。体育旅游业以体育旅游资源为基础，以旅游活动为载体，满足了人们对体育和旅游的综合需求。体育旅游业具有以下内涵：第一，体育旅游资源是体育旅游业的主要依托。在开展体育旅游业时，需要具有一定的体育旅游资源，这样才能对体育旅游者具有充分的吸引力。第二，体育旅游企业开展体育旅游活动，其服务对象为体育旅游者。第三，体育旅游产业由各种相互关联的行业构成，是一种综合性的产业。体育旅游内部各行业通过提供不同的服务和产品来满足体育旅游者的不同需求，以促进体育旅游活动的开展。

体育旅游业一般可分为直接和间接体育旅游业。所谓直接体育旅游业，主要是指与体育旅游者密切相关的产业，这些企业得以存在的原因是需要体育旅游者进行消费，这些体育旅游企业包括旅行社、交通、旅馆、餐饮、通讯等。体育旅游者并不是间接体育旅游企业的主要服务对象，这些企业的生存并不会因为体育旅游者的存在与否而产生危机，这些企业包括游览娱乐企业、销售业等。

由此看出，较为全面的看法则包括直接体育旅游企业和间接体育旅游企业，还包括各种旅游组织支持发展的体育旅游。具体来说，主要有以下几个方面构成了我国体育旅游业的部门。

1. 体育旅游餐饮住宿业

主要包括宾馆、饭店、野营营地、餐厅等。

2. 旅行业务组织部门

主要包括体育运动俱乐部、体育旅游经纪人、体育旅游经营商、体育旅游零售代理商等。

3. 游览场所经营部门

主要包括体育运动基地、体育主题公司等。

4. 交通运输通讯业

主要包括航空公司、铁路公司、海运公司、公共汽车公司、电信局、邮政局等。

5. 目的地旅游组织部门

主要包括国家旅游组织（NTO）、地区旅游协会、体育旅游组织等。

以上五个部门之间存在着相同的目标和相互促进的关系，即为促进体育旅游目的地的经济发展，不断吸引、招揽以及接待外来体育旅游者。虽然有些企业某些组成部分不是以直接盈利为目的，如体育旅游目的地的各级旅游管理组织，但是在促进和扩大商业性经营部门的盈利方面起着重要的支撑作用。

（二）体育旅游业的基本特征

1. 综合性

综合性是体育旅游业具有的特点，这主要是因为人们在进行体育旅游消费时有着不同的需求，各种不同的体育旅游服务由体育旅游业提供，满足人们不同的需求。在这一过程中，体育旅游企业由此获得相应的收益。

体育旅游者的需求是多方面的，整个旅游过程中的食、住、娱等都具有一定的需求，为了满足消费者的需求，体育旅游企业发展为多种形式的类型，满足旅游者的各方面服务，整个旅游过程中提供的服务是全面的、综合性的。

为体育旅游者提供不同类型服务的企业形成了相对较为独立的行业，但是其共同统一于满足体育旅游者的需求，从而构成了一个综合性的系统。体育旅游者的体育旅游消费是一种综合性的消费，整个过程的消费体验都会影响到消费者的心理，如果对一个环节感到不满，则整个体验体育旅游过程的效果就会大打折扣。因此，为了实现体育旅游业的可持续发展，促进体育旅游者多次重复参与其中，需要体育旅游的各个环节作为一个整体，为体育旅游者提供良好的服务。

2. 服务性

随着经济社会的发展，国民经济的产业结构正在逐步进行优化调整，第一、第二产业的比重出现了一定程度的下降，第三产业的比重则逐步上升。第三产业即为服务性行业，体育旅游业作为第三产业的重要组成部分，其越来越受到人们的重视。体育旅游业产品是一种服务，人们进行消费的过程就是企业提供服务的过程。体育旅游业可能会出现一些实物产品的形式，但整个体育旅游的过程是一种无形的产品。第二，对于体育旅游者而言，一次体育旅游获得最多的是一种经历和记忆，开拓眼界和思维，是一种良好的心理和精神方面的感受。体育旅游业具有服务性特征。

3. 依托性

体育旅游业是在经济社会发展到一定程度的基础上形成和发展而来的，其对经济社会各方面具有一定的依赖性。具体而言，这一依托性主要表现在如下几方面：

第一，体育旅游业的发展基于国民经济的发展，其产生和发展的重要基础是国民经济的发展水平。一个国家和地区的国民经济发展水平不高，则必然会限制体育旅游的发展。在国民经济不断发展和提高的基础上，人们的生活水平不断提高，闲暇时间逐渐增多，从而在体育旅游消费方面的投入才可能增加。

第二，相应的体育旅游资源限制体育旅游业的发展，体育旅游资源是体育旅游业发展的重要物质基础。东北地区正是依赖其良好的自然环境条件，才能够开展各种形式的冰雪体育旅游，而我国滨海体育旅游业之所以能长久发展，是因为有海南岛良好的滨海资源和热带气候条件。只有在区域内具备丰富的体育旅游资源，并拥有完善的配套设施，才能促进体育旅游业的发展。总而言之，体育旅游业发展水平的高低，很大程度上受到一个国家和地区体育旅游资源的多少的影响。

第三，体育旅游业是一种综合性产业，其发展依赖各部门和行业之间的密切合作，如果没有了其他行业的支持，体育旅游业的发展也会困难重重。

4. 风险性

体育旅游具有一定的风险性，这也使体育旅游业成为敏感的行业，从业者面临着较大的压力。体育旅游与普通旅游活动不同，它需要旅游者具备一定的体育运动技能和防范风险意识。体育旅游企业各具特色，大多以私营企业为主，并且可多次进行消费。同时，体育旅游业在发展过程中，受到多方面因素的影响，可能导致一定的亏损状况。体育旅游运营所面临的风险主要表现在以下几方面：

第一，体育旅游者的需求变化相对较大，体育旅游消费者的需求会因为自然、政治、经济和社会等方面变化从而发生较大的变化，因此对体育旅游业的发展产生较大的影响。

第二，体育旅游业具有较大的依托性，使得其经营存在较大的风险。体育旅游业的发展更加容易受到整体经济发展环境的影响，当整体发展环境不良时，必然会导致体育旅游业的不良发展。

5. 关联性

体育旅游业具有较强的综合性和依托性，这就导致其必然具有关联性。所谓关联性，即体育产业由多个产业群体构成，各产业之间具有相应的经济联系，构成了相应的供需整体。体育旅游产业的关联性不仅涉及直接提供各种体育旅游产品和服务的行业，如交通运输业、住宿餐饮业、观赏娱乐业等，也涉及间接提供服务和产品的行业，如地产外贸、食品等。体育旅游产业发展过程中，必然会带动这些关联产业的发展，从而促进地区经济水平的提高。

6. 涉外性

体育旅游产业具有一定的涉外性，随着经济社会的全球化发展，这一特点将更加明显。在全球化发展过程中，国家与国家之间的交流不断增多，出国旅行成为很多人的选择，国与国之间的交往使体育旅游业得以发展，并体现出了较强的涉外性特征。随着体育旅游产业的不断发展，其知名度不断提高，其涉外性将更加明显。

三、体育旅游业的作用

体育旅游业对经济社会等各个方面都具有重要的意义，它作为体育旅游发展的重要载体，对体育旅游发展起到了积极的推动作用。具体而言，其作用主要表现在以下几方面：

（一）供给作用

良好的供给作用是体育旅游业在推动体育旅游发展的过程中发挥的作用，主要体现在体育旅游业为体育旅游者提供产品供给。在体育旅游业的供给作用下，体育旅游向市场化、规范化发展，得到了更广泛的普及，参与人群也在不断增多。因此，体育旅游的产业化发展是其能够得到健康、有序发展的重要保证。

（二）组织作用

体育旅游业存在的重要基础是促进体育旅游市场的不断发展壮大，体育旅游的供给与需求不断形成了体育旅游市场，这和体育旅游业具有相应的组织作用有密切联系。在体育旅游业发展的过程，需求与供给相互协调的作用下共同促进了体育旅游业的发展。

组织和生产相应的配套产品，并提供给市场和旅游消费者。在供给方面，体育旅游业要以市场需求作为主要依据；在需求方面，体育旅游业为笼络消费者，把他们引导向自己的产品，大多会通过多种营销手段。在这一过程中，体育旅游业组织和沟通了供给和需求，实现了两者之间的互动和协调。

旅游业重要的组织作用从诞生之日起就突出体现出来，体育旅游业从无到有，并且对体育旅游活动规模的发展壮大起到了积极的推动作用。体育旅游业发挥的组织作用产生了非常多并且非常有意义的结果，其主要体现在包价体育旅游的推出和自助的"背包客"等方面。

（三）便利作用

体育旅游业的重要特点是体育旅游业为人们提供服务和产品，便利了人们的生活。各项体育旅游产品和服务满足体育消费者各方面的需求。

较为普遍的现象是体育旅游者使用体育旅游业提供的旅游服务。因此，体育旅游服务起到了非常重要的作用，它不仅将目的地与客源地联系在一起，同时有利于旅游目的与旅游动机的实现。相关的体育旅游企业为他们安排好旅游行程以及在旅游目的地停留期间的活动和生活，旅游者们完全没必要担心。体育旅游业起到的便利作用在很大程度上使体育旅游活动迅猛发展。

体育旅游活动的规模正是在体育旅游业方便便利的影响下逐步扩大，不仅参加体育旅游活动的人数在逐步增多，而且其出行的跨度也越来越远，促进了体育旅游业的进一步扩大，这使体育旅游业的社会发展前景也越来越广阔。

总的来说，现代体育旅游业的迅猛发展，与其便利作用具有重要的关系，体育旅游活动的不断开展是由体育旅游业的便利服务不断推动的。企业在体育旅游业发展过程中，应积极注重其便利作用，这样才能更好地实现企业的发展。

四、体育旅游产业运营的策略

（一）无差异目标市场策略

无差异目标市场策略是一种营销策略，目标市场是对整个的客源市场进行经营。一般来说，多个因素可以将客源市场进行划分，体育旅游业在客源市场没有经济意义或实质性的区别时，便会采取无差异的目标市场策略，一般情况下，体育旅游企业的无差异目标市场策略适用于以下三种情况：一是在需求方面，整个客源市场具有较大的相似度，但还存在一定的区别。二是尽管整个客源市场的需求存在实质上的差别，但各个需求差别群体在经济规模方面较小，通过某个细分市场的经营，体育旅游企业无法从中获得效益。三是虽然体育旅游业内的竞争程度相对较低，但整个客源市场有较高的竞争强度。

无差异目标市场策略的优势在于有较低的成本，这就是体育旅游企业选择它的原因。换句话说，无差异目标市场策略能够将标准化的产品通过旅行社提供给社会，能够减少它在市场调研、产品研发、广告促销、市场管理等各个方面的各项费用，有利于体育旅游企业形成一定的经济规模。

（二）差异性的目标市场策略

在诸多细分市场的经营方面，体育旅游企业能够为每一个有明显需求差异的细分市场制定出有针对性的经营方案策略，这就是差异性目标市场。一般条件下，以下几种情况更加适用于体育旅游企业的差异性目标市场策略。一是比较明显的需求差异存在于整个客源市场。二是相应的经营价值对所有客源市场按照细分因素所划分出的客源市场。三是体育旅游企业相较于其他企业具有较大的规模，占据更多的细分市场。

体育旅游企业通过采用差异性目标市场策略，相较于无差异目标市场常常能够获得更好的经营成绩和效果。现在，差异性目标市场策略被越来越多的体育旅游企业所采纳，主要是因为其能够更好地满足市场的需求，所以这种策略具有非常强的真实性，能够快速地扩大体育旅游企业的市场占有率。但采用这种市场策略需要注意的是，它会增加体育旅游企业的经营成本，因为体育旅游企业需要提供不同的产品，还要制定和改变不同的经营策略，建立相对应的销售网络策略，还要经常性地研究客源市场上存在的差异，以上所有环节都需要体育旅游企业投入不同程度的资金，以上都是体育旅游企业差异性目标市场策略所存在的不足之处。

（三）市场营销组合策略

体育旅游企业根据选定的目标市场，通过对各种市场营销策略和手段的综合运用，从而销售产品，获得最佳经济效益。就市场营销的因素来说，它有着不同种类的不同组合方式，其中市场营销因素按市场手段划分为价格、产品、促销、销售渠道四大类。在制定市场营销组合策略的过程中，要注意以下几个方面的需求：一是采用的促销方式、所拟定的价格都要依附于产品和分销渠道。二是在进行综合分析的同时，制定出市场营销组合中的各个不同要素策略。三是市场营销组合的策略界限是利润额或销售额的增加与否。四是具有对策性是市场营销组合策略制定的原则，恶性竞争是要避免出现的，要对市场上不同产品的地位进行不断强化。

（四）市场细分策略

不同消费群体的不同需求就是市场细分，通过消费者不同的购买行为从而把消费者总体细分成许多相似性的购买群体。

通过市场细分这一环节，更多新的商机能够从体育旅游市场中迸发出来，以便旅游企业加以利用，一个新的目标市场得以逐渐形成。不管哪一个企业都没办法真正满足消费者的所有需求，但是通过细分市场原则，对各个细分市场需求的满足情况分析，能够更好地针对所知道的客户的需求和现有的产品和服务进行更深一步的探讨，以便企业在细分市场中能够凭借自身条件满足不同的消费需求，一个新的目标市场便被发掘出来。消费信息能够通过市场细分这一环节得到及时反馈，并且能适当适时地调整营销策略。在对市场进行细分之后，体育旅游企业能够更加容易了解和明确消费者的意见和要求，体育旅游企业能够通过信息的及时反馈对消费者需求的变化做出实时的、合理的营销策略，以便更好地提高体育旅游企业面对不同状况时的应变能力。体育旅游企业的经济效益不断提高也能够通过市场细分体现出来，充分、合理地利用体育旅游企业所拥有的资源和自身特长，生产出的产品能适销对路，以更好地满足消费者不同的需求。因此，采取相应的市场细分策略在对体育旅游产业进行运作和管理时是十分有必要的。

具体地说，在体育旅游产业运营的过程中，为了遵循市场细分的原则，需要遵守以下几点：一是市场分片集合化的过程就是市场细分。根据相应的划分标准，总体被体育旅游企业的市场划分成诸多小的部分，然后再将各个部分相应地聚集成一个较大的市场，并形成相应的规模，以此更好地适应商品的供应和销售情况。二是各个市场的差异要通过调查和细分之后，进一步明确和清楚其中的差异，进行市场细分的标准和依据要切实可行。每一个市场分片都有不同的特征，而且要有相对应的需求群体，其有相似的特征与购买行为。三是相应的发展潜力是所有细分市场所要具备的能力。体育旅游企业根据该市场分片中的人数和购买能力决定能否实现营销目标。此外，体育旅游企业根据任何一个市场分片所具有的潜在需求的大小进行开拓和发展。四是在对市场进行细分之后，需要保持一段相对稳定的时间。体育旅游企业在制定出时间较长的市场营销策略前，需要有一定稳定性的市场。体育旅游企业的营销在市场没有足够的稳定性时，就会有很大的风险。

第四章　体育产业市场的运行与营销

第一节　体育市场运行

一、体育产业的消费需求

（一）体育消费与体育需求

1. 概念

需求与消费是有关联的两个不同概念。需求是指对有能力购买某个具体产品的欲望。未满足的需求代表着市场机会。消费是通过购买商品以满足生活或生产的需要和愿望。需求指的是尚未执行的，消费是已经或正在执行的。需求和消费概念的相同点是，都有需要的愿望，都与购买行为相关。

消费需求的大小决定了市场发展的速度、规模和效益。如果一个社会中没有，或者只有少量的、潜在的和不规则的消费需求，那么，这个社会中市场的存在和发展都将受到严重的制约。如果这个社会中呈现规则的、递增的和可预测的消费需求，那么，这个社会中的市场就会成为有规律可循的兴旺市场。

体育需求是指人们购买体育商品或体育服务的欲望和能力。它必须具备两个条件：一是有体育消费需要，如观赏赛事、参加健身和休闲娱乐活动、购买体育用品等；二是有经济支付能力。

体育消费是人们生活消费的一部分，是人们在理解体育功能价值的基础上，根据自己的需要和条件，寻求、购买和使用体育用品，接受劳务或服务的行为过程中对体育消费资料的使用和消耗。

体育消费是社会生产力发展到一定阶段的产物，是现代生活消费的一个重要组成部分，具有十分诱人的发展前景。它是在人们的物质生活得到满足的前提下，为追求个体的发展与享受所引发的，适应更高层次需要而做出的一种选择，是一种伴随着对体育功能主观再认识基础上的新型消费类型。它也是个人在完成日常工作和必要的休息及家务劳动以外的闲暇时间里的消费行为。因此体育消费在个人闲暇消费中占有重要的地位，是社会总消费中不可缺少的一个部分。

2. 体育消费特点

（1）体育消费的非迫切性

由于体育不是人们生存生活的基本需要，而是发展与享受的需要，故体育消费决策全凭个人意愿、兴趣、爱好，当然也与人们的收入水平、生活方式、行为习惯有直接关系。一个人完全可以不进行体育消费而进行其他的消费，可以现在不购买体育商品而等将来再说，也可能心情好时有体育消费而心境不佳时不消费等。体育消费需求弹性大，很大程度上是因其所具有的非迫切性决定的。就这一意义上讲，体育市场的开拓者不可急功近利、急于求成，而是要按照市场发展的规律，当条件成熟时自然会水到渠成。

（2）体育消费具有不均衡性

一是参与消费人群的不均衡。如在健身健美俱乐部中，年轻人多、老年人少，女性多、男性少，城市人多、农村人少；二是时间季节的不均衡，即体育消费的时间季节性。如保龄球馆晚上人多、白天人少（消费时间的不均衡），游泳池中夏天人多、冬天人少（消费季节的不均衡）。由于体育服务是一种非贮存性商品，因而这一特点在一定程度上也是体育市场中的经营者们感到捉襟见肘的问题。

（3）体育消费能力具有层次性

体育消费能力属于一种特殊消费能力，即在专门或特定活动中体现出的消费能力。由于体育消费品的种类繁多，即使人们愿意从事体育消费，一般不会也不可能参加所有的体育消费活动，而只能参与其中一项或一部分。对参与某项或某类体育消费活动所作出的选择是凭个人的兴趣爱好，而具有相应的消费承受力才是实现消费的保障。人们的消费承受力有别，即使有相同的爱好，在消费过程中也会显示出明显的层次性。一般来说，体育消费能力强者，多为高收入或高职位者，能进行多样化的高消费，如既打高尔夫球又打网球。而体育消费能力弱者，多为一般或中等收入者，则只能选择性地从事某一适合自己的体育消费。无体育消费能力者，即中等以下或低收入者，则多是只能望体育消费兴叹。

（4）体育消费具有时间延续性

只要产品质量可靠，体育消费大多不是一次性的消费活动，而是连续性的消费过程。其他许多物质产品要么是提供一次性的消费，要么是向人们提供方便快捷的服务，而体育消费则不同，它的发展与时间消耗和时间延伸成正比。也就是说，体育消费的总体水平越高，人们在此花费的时间就越多，持续的时间也越长。

（5）消费选择具有一定的盲目性

所谓的盲目性表现在两个方面：一是没有选择，例如足球爱好者只有甲A比赛可看，看前你并不知道是否值得，所以赛后往往会说门票钱白花了；二是不知如何选择，例如参加健身健美消费活动，你选择哪家健身中心呢？多是就近或从众。由于体育服务产品的无形性使消费者在事前难以判定其质量，多数人抱着试一试的想法去参与，如果产品质量有保证，参与者会继续消费，如果产品不尽如人意，消费者则会停止其消费活动。

（6）体育消费具有文明进步性

体育是一种人类文化活动，体育消费水平的高低是人类文明进步的标志之一。体育消费比一般物质消费更能体现出一个国家和民族的精神风貌，并标明社会精神文明发展的程度，因而具有显著的文明进步特征。在我国，体育消费水平的提高还体现出，社会经济的发展促使人们消费观念的转变。

3．体育消费的种类

（1）购买体育用品

因为体育用品都是实物，所以这类消费属于实物型体育消费，指的是用货币购买体育用品的消费行为。根据体育产品的用途，实物型体育消费包括购买运动服装（含鞋、帽、手套、箱包等）、运动护具、运动器材、户外休闲运动装备（如渔具、郊游和登山用品等）、运动食品、运动饮料、体育纪念品（包括体育邮票、体育纪念币、球星卡、吉祥物以及带有会徽、名称、吉祥物等标志的各类纪念品）、体育出版物（体育杂志、图书、音像制品等）以及体育彩票等。实物型体育消费是人们体育消费的有机组成部分，是衡量体育消费水平的重要指标。

在体育用品中，有相当一部分属于时尚用品，如新款运动服装、运动鞋帽、流行的健身器械等，人们购买这类商品存在着非体育的原因。原因包括两个方面：一是部分体育用品与一般生活用品在效用上有相互替代性，买运动服装可以部分替代他们在一般买卖服装方面的消费支出。二是出于追逐时尚的动机，有一部分人，尤其是年轻人，他们购买高档运动服装、鞋帽和装备，往往并不是出于运动的实际需要，而是出于追求时尚、显示身份的需要。随着人们生活水平的不断提高，这类产品与一般生活用品的替代性将逐步降低。

（2）观赏型体育消费

观赏型体育消费属于非实物体育消费，指人们用货币购买各种入场券，用于观看各种体育竞赛、体育表演，以及各种与体育有关的影视录像、展览等，以达到视觉神经满足和精神愉悦目的的各种消费行为。观赏型体育消费不仅直接形成竞赛表演市场，而且它的规模和结构从根本上决定了竞赛表演市场的规模和结构。

（3）参与型体育消费

参与型体育消费也属于非实物体育消费，主要是指居民为追求健康和娱乐而花钱购买由体育服务企业提供的健身娱乐服务，如健身技能培训、辅导、咨询、体质测试、健康评估以及体育康复等服务产品。

参与型体育消费是体育消费的核心内容，也是最能反映体育消费特质的一类消费。衡量一个国家体育消费水平的高低，主要看参与型体育消费占整个体育消费比重的大小，比重大说明消费水平高。参与型体育消费直接形成健身娱乐市场，它的规模和结构决定了健身娱乐市场的规模和结构。

4. 体育需求

（1）体育产品价格

一般来说，一种体育产品的价格越高，该产品的市场需求量就会越小，相反，价格越低，需求量就会越大。一般而言，消费者在购买消费品时会遵循"最大实际效用"原则，也就是说，他们会根据所获得的市场信息，用自己有限的收入去购买对自己最有价值的物品。由于可支配收入有限，消费者在选择产品时对体育产品价格尤为敏感。通过"我国东部地区城市居民体育服务价格水平的调查研究"显示，价格对体育市场需求的影响非常显著。

（2）消费者对产品的价格预期

当消费者预期某种产品的价格在下一期会上升时，就会增加对该产品的现期需求量，当消费者预期某种产品的价格在下一期会下降时，就会减少对该商品的现期需求量。在通常情况下，消费者因为不可能具备完全的知识或信息，他们只能做到预期效果的最大化。在体育消费中，消费者自始至终都将遇到在不确定情形下作出决策的情况。

（3）体育市场规模

体育市场规模越大，则体育市场需求量就会越大，相反，体育市场规模越小，则体育市场需求量就会越小。这里所说的市场规模与市场大小有着密切关系，所谓市场大小指的是市场的边界，既包括地理边界又包括产品范畴。从地理边界看，以健身俱乐部为例，北京的健身市场要比杭州的健身市场大，城市的健身市场要比城镇的健身市场大。从产品范畴看，足球项目的市场要比排球项目的市场大。总而言之，市场越大，其市场需求量就会越大，市场越小，市场需求量就会越小。

（二）体育产业消费主体

1. 体育产业的消费

体育产业的消费即通常所说的体育消费。对体育消费有狭义的理解，也有广义的理解。狭义的理解通常指个人体育消费，广义的理解既包括个人体育消费，也包括商务体育消费。

个人体育消费是指人们用于体育活动方面的个人消费支出行为。即体育消费者在参与体育活动中对与体育有关的实物产品、精神产品和服务产品的消费。如买票观看体育比赛、体育表演，付费参加健身、健美、武术、气功等学习、培训，个人购置运动器材、健身设备、运动服装等。

个人体育消费是一种生活性消费，是经济社会发展到一定阶段的产物。因为个人体育消费是在满足基本的生存消费之后追求发展和享受等方面需要的个人消费行为，也是在完成正常的工作和必要的家务劳动等时间之外的闲暇时间里的个人消费行为。从现阶段的社会消费结构来看，个人体育消费是社会消遣和娱乐消费的重要组成部分，在个人闲暇消费中占有重要的地位，个人体育消费已经成为消费结构中不可缺少的部分。

商务体育消费是指企业、公司或其他消费者购买体育产品或体育组织、体育赛事的无形资产使用权并通过体育产品或体育无形资产的流通、转换而产生和获取更大经济效益的体育消费行为。如付费购买体育赛事的电视转播权或赞助某体育组织、体育赛事以取得广告宣传权、特许经营权等以赚取更大利润。商务体育消费是一种生产性消费。

2. 体育产业的消费主体

(1) 个人消费者

个人消费者是指其体育消费的目的是为了个人陶冶情操、增进健康、欢度余暇时间、获得美的享受、提高生活质量、扩大社会交往、促进个人体力和智力的全面发展而进行的各种各样的体育消费行为。个人体育消费一般属于发展和享受消费，同时又是一种消耗性消费。

个人消费者是体育产品的直接和最终用户，是体育市场的主要消费主体。据有关资料报道，体育市场交换价值的大部分是由个人消费者的体育消费构成的。个人消费者消费的体育产品主要是竞赛表演类产品、健身娱乐类产品、咨询培训类产品、康复理疗类产品以及体育旅游类产品等。根据其消费形式、消费目的的不同，个人消费者可以分作两类，即观赏类消费者和参与类消费者。

(2) 商务消费者

商务消费者是指其体育消费的目的是为了通过他们所购买的体育产品的流通、转换而产生和获取更大价值的各种各样的体育消费行为。商务消费者主要包括各种体育赞助商、媒体单位、特许权受许者等。

商务消费者是体育市场的重要消费主体之一。和个人消费者主要是消费观赏类和参与类体育产品不同，商务消费者一般是消费体育组织、体育赛事、明星运动员等的无形资产，如名称、标志使用权，赛事转播权，姓名、肖像使用权，特许产品经营权等。根据其消费形式的不同，商务消费者也可以分作两种类型，即商务赞助商和媒体商务伙伴。

(三) 体育消费者购买决策过程

1. 形成体育消费需求

体育消费者消费需求的形成由内在的刺激和外在的刺激引起，或者是两者共同作用的结果。内在刺激源于消费者本身感到某种缺少，如运动不足引起的不舒服感觉等。外在刺激是指客观因素，如同事朋友的影响、推销广告等。体育消费需求是购买行为的起点。

2. 产生购买动机

体育消费需求形成之后，经一定因素影响，才能产生购买动机。购买动机的形成除受到体育消费者内在生理因素影响之外，还受到社会因素、经济因素的影响，当这些因素对消费者产生一定强度的刺激之后，消费者便产生购买冲动，即购买动机。

3. 收集体育商品或体育服务信息

一个有购买动机的体育消费者可能会寻求体育商品的信息，也可能不会。当唤起的购买动机很强烈时，体育消费者必然会通过各种途径获得打算购买体育商品或服务的信息。体育消费者信息的主要来源有：经验、市场、大众传播媒介等，其中市场信息和传播媒介提供的广告信息最为重要，因为它针对性强，传播面广，易为消费者所收集。

4. 评估待购体育商品或体育服务

评估的内容一般包括体育商品或服务的属性、价格、效用等。消费者在评估时首先考虑是体育商品或服务的属性，而价格则是影响消费者购买决策的重要因素。成熟的消费者往往考虑商品的性能价格比和商品的售后服务水平。

5. 购买决策

体育消费者经过判断和评估后，如果对某种体育商品或服务形成一定倾向，便会做出购买决定。但购买决定的作出并不等于购买，如果受到其他因素的影响，可能会放弃购买。从购买决策转化为购买行动，除了消费者的自身因素外，还受到他人态度和意外情况的影响。这时，销售人员的营销水平将起决定性的作用。

6. 购后评价

体育消费者购买体育商品或服务之后，有时会做自我评价，有时会主动听取别人的品评。如果消费者感到满意，不仅可能继续购买，还会积极向别人推荐。如果对所购体育商品或服务感到不满意，不仅自己不会再购买，而且还可能竭力劝阻他人购买。因此，消费者对所购体育商品或服务的评价，哪怕是偏见或误解，也会给体育经营单位带来重大影响。

（四）影响体育消费需求的主要因素

1. 体育产品或服务的价格

体育产品或服务的价格由体育产品或服务的供求决定。探讨体育产品或服务的价格对体育消费需求的影响往往是从体育产品或服务的价格敏感度入手。价格敏感度是市场反应的温度计，通过它我们可以很快了解到体育产品的价格变化与市场需求量变化之间的关系。对于某类具有较大需求弹性的体育产品或服务，价格的变动会引起消费需求量的较大变动。而对于某类需求弹性较小的体育产品或服务，价格的变动则不会引起消费需求量太大的变动。

2. 相关产品的价格

在体育领域，人们对一种体育产品的需求或观看一场比赛的热情或参与某项体育运动的欲望，不仅取决于该体育产品（或比赛门票、参与该项体育项目的必须支付）的本身价格，而且还取决于相关产品或服务的价格。这种相关产品或服务分为两类：

（1）替代品

可以用来代替另一种物品的物品。

（2）互补品

与另一物品结合起来使用的物品

在体育领域，互补品出现的频率是极其高的。互补品有这样的特征，当一种物品的互补品价格上升，人们也会减少对这种物品的购买。相反，当某种物品的互补品价格下降，人们也会增加对这种物品的购买。因此，一种物品互补品的价格变动，会影响该种物品的整个需求。

3. 收入

在其他条件不变的情况下，收入增加，消费者会增加对更多的体育用品及各类体育门票的购买和对更多体育运动项目的参与。相反，当消费者收入下降时，消费者会减少这方面的开支，减少对高消费的体育运动项目和体育赛事门票等的消费，转而消费相对低消费的体育运动项目或用看电视转播等方式替代现场观看体育比赛，这样一来，体育消费需求就会出现下降趋势。

4. 人口因素

体育产业消费需求还取决于参与体育活动的人口的规模。在其他条件不变的情况下，参与体育活动的人口越多，对所有体育物品与服务的需求越大；反之，参与体育活动的人口越少，对所有体育物品与服务的需求越小。由于中国社会出现老龄化的趋势，45 岁以上的人口将日趋增加。他们会更关注健康，可能会参与健身和户外活动，除此之外，他们也有时间和经济实力去参加常规体育运动。他们是体育市场中主要目标消费群体。年轻人喜欢花更多的钱去购买体育用品，尤其是时尚的运动服装，而 35～45 岁的人由于工作繁忙，用于体育消费的花费不会太多。

5. 偏好

参加某项体育运动的趋势会受到消费者偏好的影响，假如消费者对某项运动项目感兴趣，其参与这项运动的可能性也越大。所以，一项体育运动的推广，和该项运动在其高水平竞技领域所达到的水平有关。其运动水平越高，欣赏价值越大，被吸引参与该项运动的人数也会越多。

6. 余暇

一般来说，余暇时间越多，人们用于体育锻炼和观看体育比赛的时间也会增多，而且不再像过去那样固定。相比而言，男性每周参加体育活动时间比女性每周参加体育活动的时间更多，延续时间更长。老人与失业群体也有更多的时间参加体育活动。近年来，可供选择的体育活动项目增长迅猛，人们已不是在一天当中的固定时间来参加体育活动，而是随心所欲地根据自己一天的时间安排来参加体育活动。这种状况必将对体育产品的供给产生深刻的影响，也对体育服务提出更高的要求。另外，已经成为年轻人时尚的惊险体育活动很可能在今后成为中老年消费群体效仿的活动。

二、体育产业的投资需求

（一）投资与体育投资

1. 概念

投资是一定的经济主体投入一定量的货币资本或其他资源（人力、土地、时间等），以期获得未来收益的经济活动。如某企业投入 1000 万元生产某种产品或政府投入 100 亿元用于落后地区的经济开发，某人投入 2 万元购买股票。投资发生于现在，并且数量是确定的，而收益发生于将来，并且常常不确定。

体育投资指对体育领域（包括体育事业和体育产业）的投资。体育资源的投入包括资金、人力、信息、体育设施、时间等，其收益包括几方面：从消费者（群众）角度来讲，能满足自身健身、娱乐、提高运动技术水平的需要；从企业角度来讲，能带来经济收入（利润），为企业发展积累资金，保证企业得以生存和发展；从国家角度讲，既能提高全民素质，培养高水平的运动员，为国增光，又能增加就业，促进社会稳定。同时通过体育投资的关联效应，把体育经济活动所产生的经济效益辐射、渗透到其他产业和部门，带动整个社会经济的发展。

2. 体育投资的主体

投资活动是由一个经济主体来进行的，该经济主体称为投资主体或投资者。在现实经济生活中，投资主体有多种类型，如各级政府、企事业单位或个人。据此，体育投资主体可以是政府、企业和个人。

县级以上各级人民政府应当将体育事业经费、体育基本建设基金列入本级财政预算和基本建设投资计划，并随着国民经济的发展逐步增加对体育事业的投入。这说明，政府是重要的体育投资主体。随着市场经济的发展，人们越来越认识到体育的自我价值，即体育对个体需求（如健身、娱乐）的满足。这为企业和个人投资体育提供了动力。愈来愈多的企业和个人成为体育投资主体。

根据投资主体对其投资所形成的资产是否有控制与经营管理权，可以将投资分为直接投资和间接投资。直接投资以拥有对投资所形成资产的经营管理权为特征，如企业投资生产某产品。间接投资指不拥有对投资所形成资产的经营管理权为特征的投资，如某人投资购买股票。

（二）体育产业投资

1. 体育产业的社会投资需求

（1）经济效应和社会效应并重

大多数时候是偏向后者，其资金主要来源于财政拨款和体育彩票等。改革开放以前，政府对体育的投资行为基本上依赖于财政拨款，改革开放以后，体育彩票在我国出现，并得到政府和公众的认可。

（2）扩大内需，拉动产业链的拓展

北京举办奥运会就是一个很好的例子，奥运会也是经济，不仅举办奥运会本身要花钱，也会有收入，而且因为举办奥运会能带动相关产业的发展，拉动经济的增长。在筹办北京奥运会期间，仅北京市用于奥运会的投资就达 2800 亿元人民币，其中 1800 亿元用于基础设施建设。这么大的投资对北京和全国的经济都会起到拉动作用。中国社科院经济研究所杨帆博士经过研究后得出结论：奥运会在某些国家创造的收入可以超过其国民生产总值，但在中国，考虑到庞大的经济总量，预计它每年将为中国 GDP 的增长贡献一个百分点。需求不足不是短期内能完全解决的问题，扩大内需是长期的经济建设方针。

（3）目标多元

在不同的时期，其投资的侧重点会有所不同：在计划经济时代，我国体育实行的是"举国体制"，在这种体制下，政府对体育的投资侧重点是放在高水平竞技体育上，这种投资行为是一种以不断加大人力、物力、财力投入数量为前提的粗放型投资行为。其结果是群众体育的萎缩和学校体育的徘徊不前，以及高水平竞技体育的高淘汰率。

2．体育产业的微观主体投资需求

（1）企业对体育产业的投资需求

对企业来说，最重要的事情莫过于以最低的成本获取最大的利润。所以企业在向体育领域投资时，带有很浓厚的商业色彩。以体育赞助为例，体育赞助的精髓是体育部门和企业联姻，通过支持与回报之间的等价交换，精诚合作，互惠互利，共同获益，实现双赢。曾有学者做过调查，企业通过体育赞助，可以获得以下好处：扩大企业和品牌的知名度；美化企业和品牌形象；使商品差异化而鹤立鸡群；有针对性地与目标顾客沟通；突显赞助者的实力地位；时间长而又省钱；明星效应，威力无穷；绕过某些沟通障碍；展示产品或先进技术；激励本企业的职工。

（2）居民个人对体育产业的投资需求

居民个人作为投资主体所产生的体育投资需求存在两种情况：一种是真正意义上的体育投资；另一种是非真正经济意义上的体育投资（实际上指的是体育消费，与投资有着本质区别），它只是居民个人购买体育产品和服务时发生的支付，以及居民个人消费这些体育产品和服务而导致人力资本增值的代名词。

（三）影响体育产业投资需求的因素

1．国民收入水平

体育产业的投资来源主要来自国民总储蓄，是国民收入的转化形式，通过银行贷款等多种途径实现。国民收入水平对于体育产业投资的机制在于：一方面，国民收入水平的提高带动储蓄水平的提高，对投资需求产生巨大的推动作用，这一推动效应不可避免地会波及体育产业领域；另一方面，国民收入水平的提高带动消费水平的提高又会对投资需求产生拉动作用，这一拉动效应在体育产业领域表现很明显。近年来，我国各类商业银行和金融机构的储蓄总额呈现不断上升趋势，储蓄向投资转化的效率也大幅度提升，这对于体育产业的发展是非常有利的。

2. 资本的预期收益率

无论是从宏观层面（产业）还是从中观层面（行业）或者从微观层面（企业）进行考虑，在考虑影响体育产业投资需求的因素时，都离不开对资本预期收益率的分析和研究。由于在进行投资决策时，考虑更多的是收益的相对量或收益率，而不是收益的绝对量。因而，资本预期收益率的大小就成为影响投资决策的重要因素，特别是对于一些国家投资以外的盈利性投资活动。

3. 资本利息率

利息是投资者支付给货币供应者的一种补偿，它是决定投资成本的主要因素。投资成本的形成存在两种情形：一种是如果投资者使用的是自有资本，则投资成本是损失的利息收入，也就是我们平时讲的机会成本；另一种是假如投资者使用的是借贷资本，则投资成本是支付的贷款利息。因此，资本的利息率越高，资本的使用成本就越高，投资者的投资需求就会下降，反之，投资需求则上升。

4. 市场经济体制的不完善

首先，市场经济体制不完善导致投资交易成本过大，阻碍了体育产业投资需求的扩大，特别是目前我国的体育产业还没有进行归口管理，一个体育企业的注册往往要经过多个部门的审批，不仅费用过高，而且时间很长，结果损失很多商机，也大大挫伤了体育企业的投资热情。

其次，我国体育产业的投资需求还严重受到市场体系不健全的影响。由于市场体系不健全，体育企业在经营过程中会受到诸多非市场因素的介入和干扰，使体育企业的正常运行机制被破坏，加大了体育产业的投资风险，也打击了投资者对体育产业进行投资的信心。

三、体育产业的供求分析

（一）体育产业的需求弹性

1. 体育产品或服务需求的价格弹性

体育产品或服务需求的价格弹性是用来衡量一种体育产品或服务的需求量对于该种体育产品或服务的价格变化的反应程度的尺度。

体育产品或服务需求价格弹性的决定因素：

（1）时间的长短

按照不同的时间段对体育消费需求进行考察，会发现，随着时间段的延长，消费需求弹性会变大。因为时间段越长，越方便消费者对自己的消费进行调整。

（2）体育产品和服务对消费者的重要性

体育产品和服务不同于生活必需品，但随着生活水平的提高，余暇时间的增多，交通等设施的便利，以及全民健身计划的推广，体育渐渐有了生活化的趋势，人们在体育产品和服务方面的支出有逐渐加大的趋势，体育成了现代人生活中不可缺少的一部分。但不同的体育产品和服务对于消费者而言仍然会有"必需品"和"奢侈品"之分，这里所讲的"必需品"是指那些能满足人们基本健身、娱乐休闲需求的体育产品和服务，这些"必需品"有相当一部分属于公共产品或半公共产品，免费向广大居民开放或象征性地收取一定的费用，如许多高校的体育设施免费向广大师生开放，还有一些小区的体育健身设施向广大居民开放，公园里的公共体育设施的使用等都属于这种类型。而与此相反，"奢侈品"的价格弹性则较大，如保龄球在价格较高时，则购买者较少，是"贵族化"的体育运动项目，当其价格降到适当的位置时，则购买者与日俱增，成为"平民化"的体育运动项目。不过，体育产品或服务的"必需品"和"奢侈品"的区分具有历史性、地域性，故同样的体育产品或服务在不同的国家或不同时期的需求价格弹性往往是不一样的。

（3）体育产品和服务的可替代程度

某种商品的替代品越多，则该种商品的替代性越强，这个规律对于体育产品或服务同样适用。一种体育产品或服务的替代品越多，则该种体育产品或服务的替代程度也越高，那么它的需求价格弹性就会相对较大。当体育产品或服务处于这种状况下时，体育产品或服务的价格上涨，会引起消费者转而购买其他替代品。反之，体育产品或服务价格下降，则会导致原购买它的替代品的很多消费者转而购买这种体育产品或服务。如果一种体育产品或服务没有替代品，那么消费者可能不管其价格如何都得购买，故其需求价格弹性就会较小。

2. 体育产品或服务的需求交叉价格弹性

体育产品或服务的需求交叉价格弹性指相关商品价格变化对该体育产品或服务需求量的影响，就是用来衡量一种体育产品或服务的需求量对其他产品价格变化的反应程度的一个尺度。

根据有关替代品和互补品的概念可知，替代品的交叉价格弹性必为正，互补品的交叉价格弹性必为负。如果两种商品几乎毫无关联，则交叉价格弹性近乎为零。

3. 体育产品或服务的需求收入弹性

消费者收入也是影响各种体育产品或服务需求量的重要因素。体育产品或服务需求的收入弹性因体育产品或服务的不同而有差异。根据收入弹性值的大小，可以将体育产品和服务分为：奢侈品、必需品和劣质品。根据这个分类方法，对体育产品和服务分析如下：

满足基本体育健身、休闲娱乐的体育产品或服务（即低档次类）需求的收入弹性较小，相反奢侈品类，即高档次的体育产品或服务的需求收入弹性较大。消费者货币收入的增加导致"奢侈类"体育产品或服务的消费较大幅度的增加，低档次的体育产品或服务的消费量的增加幅度则较小。高档次类和必需品类的体育产品或服务需求量会随着经济的发展和国民收入的增长而发生不同程度的增长，它们的需求收入弹性是正值。低档次类的体育产品或服务的消费量会随着消费者收入水平的提高而减少，它的需求收入弹性是负值。例如，随着人们生活水平的提高，成为高档次健身俱乐部会员的消费者人数越来越多。参与高尔夫这项高消费运动项目的人数也越来越多。购买名牌体育用品和服装、鞋子的人也越来越多。

（二）体育产品或服务的供给弹性分析

体育产品或服务的供给价格弹性与需求价格弹性是完全对称的。根据供给法则，体育产品或服务的供给弹性经常表现为以下三种情况：

第一，供给富于弹性，体育产品或服务供给量变动幅度大于价格变动的幅度。这类体育产品或服务，提价可以大幅度地增大其供给量，削价则相反。保龄球就是很好的例子，当其在中国还属于"贵族化"运动时，因其价格比较高时，整个经营保龄球的行业都存在超额利润，吸引其他商家的进入，随着经营者的增多，供给量也随之加大。使之走"平民化"的发展趋势。

第二，供给是单元弹性，体育产品或服务的供给量与价格成正比例变化。

第三，供给缺乏弹性，体育产品或服务的供给量变动幅度小于价格变动幅度。

体育产品或服务的供给价格弹性的主要决定因素：

1. 时间的长短

长期内，厂商改变供给量的难易程度差异不大。而短期内，厂商改变供给量的难易程度则会因体育产品或服务的不同而产生差异。一般来说，劳动密集型体育产品或服务的供给量变动比资金密集型和技术密集型的容易得多。

劳动密集型体育产品或服务的生产企业，对资金、设备和技术的要求相对较低，企业生产能力的扩大或缩减只需增减具备一般劳动力和普通技能的劳动者就可，不存在增加和处理专用设施等问题。由于这些条件较易迅速达到，因此，这类体育产品或服务的生产规模变动相对容易。而资金密集型体育产品或服务的生产企业，生产要素主要以服务设施等形式存在，企业的生产规模变动会遇到设施的建设与处理等问题，所以其生产规模变动相对困难。这类体育产品或服务的价格上升，短期内只能刺激企业兴建相关设施，而不可能使其供给量猛增。又以保龄球馆的经营为例，在保龄球馆内，为客人提供斟茶倒水等这类服务，属劳动密集型的体育服务，而提供保龄球球道等设施供消费者使用则属于资金密集型体育服务。对于一家保龄球馆而言，它在生意兴隆时，只需增加服务员的数量，就可以满足经营要求，这在短期内就可办到，而假如它想通过扩充球道数量来容纳更多的消费者，这就不是短期内能达到的事情。

2. 进入和退出的难易程度

如果某一行业的进入和退出壁垒很少，厂商可以根据市场和本企业的情况进退自如，则该产品的供给弹性会较大，反之则相反。

四、体育产业的运行机制

（一）体育产业资源配置方式

1. 以市场需求为中心的配置方式

以市场需求为主的配置主要是指体育产业资源的流向和配置完全由体育市场的实际竞争状况来确定。这是一种以市场需求和市场竞争为主导的资源配置方式。在这种方式下，人们的体育需求、体育市场的有效供给状况及由此决定的价值信号是调节体育产业资源流向的唯一因素。

作为一种产业活动，体育产业的发展以追求利益为目的是毋庸置疑的。但在完全市场化时，为了追求利益的最大化，市场行为势必使得稀缺的体育产业资源流向最有利可图的地方，但这未必是最需要该种资源的地方。因此，在采用竞争等市场手段实现供给与需求满足的同时，很有可能由于纯粹的市场竞争导致体育产业资源事实拥有上的不平等状况不断加剧。而这并不是我们进行体育产业资源配置的目的所在。因此，面对具有社会主义公益性特点的体育事业，相关的产业发展中，产业资源的配置应在保证经济效益的同时，注重避免由市场配置带来的社会效益的损失。

2. 以政府目标为中心的配置方式

以政府目标为主的配置主要是指体育产业资源的流向和配置完全由当地或体育产业资源管理部门的主观意志来确定，不考虑市场状况及当地的资源状况。这种方式下，政府意志成为资源配置的主导，且多使用行政计划的形式实现资源的调配，这一方式要想实现对资源的优化配置，其前提是计划部门，即政府在制定目标时充分认识其资源优势，并能够对市场规律及未来发展有科学、客观、正确的预测，即拥有完全信息和正确决策，在这种情况下才可能有适应资源需求与供给状况的资源配置方案。

然而，事实上，由于体育产业系统是一个复杂的大系统，受到多种因素的影响，并始终处于一个动态的发展变化过程中，"完全信息"状态是难以实现的。加之，政府部门作为社会利益主体的一部分，其决策及目标的设立反映了其决策者的主观意愿。因此，以这种复杂的、具有主观性和多元化特点的政府目标为中心，通过完全计划配置的方式进行体育产业资源的配置，存在着弊端。

3. 以资源优势为中心的配置方式

以资源优势为主的配置主要是指体育产业资源的流向和配置完全由该地区体育产业的资源拥有情况来确定，不考虑市场状况及政府意志。这是许多资源丰富状态下经常采用的一种资源配置方式，它着重强调资源在产业发展中的中心地位，但比较忽视资源的市场需求及资源向产品转化的市场必要条件。资源优势所提供的充裕资源条件是资源配置的可能条件，但并非其必要条件。也就是说，从资源配置的最终目的的角度来考察，以资源优势为中心，不考虑市场状况和地区发展目标的资源配置，最终可能由于市场需求的不足，或其他政策因素导致资源开发无法实现应有的效益。

（二）体育竞争性领域与市场价格机制

凡是能进入市场、由市场机制调节其供求的部分，都属于体育的竞争性领域。体育的竞争性领域大致由以下内容构成：休闲娱乐健身体育、体育用品、体育广告业、体育博彩业、门票、体育场地出租、体育纪念品销售、电视转播权等。

在这个领域，价格信号是反映供求状况的一面镜子，直接对生产、消费产生影响，引导着资源的最优配置。

在体育的竞争性领域内，存在大量的创新型体育服务产品，它们的价值量难以确定，原因在于：

1. 不可重复性和扩散性

如运动训练新原理的提出；新的体育技术、战术的创新；重大而精彩的比赛场面；新的运动纪录的创造等，都具有不可重复性和扩散性。在这里不存在生产同一产品的若干个个别劳动时间，因而无法用社会平均必要劳动时间来确定其价值。

2. 效果的不确定性

如很多重大赛事的比赛胜负、名次的排列、运动成绩等具有不确定性，体育赞助和体育广告给商家带来的利益等也具有不确定性。因而体育服务产品的这种不确定性使其价值量也具有不确定性。

3. 某些体育服务产品有差别明显的前期阶段和后期阶段

如体育竞赛和表演服务。前期是训练阶段，即生产半成品的准备阶段，后期是提供可供消费的体育服务产品的最终阶段。而且这类体育服务产品的生产过程往往是前期阶段的长度远远超过了后期阶段，前期阶段的劳动和后期提供的最终产品的质量关系极大。

由于以上 3 个原因，体育竞赛市场上体育服务产品的价值量是难以计算的。因此，在体育竞争性领域，体育服务产品的价格对于价值表现出较大的独立性，即在价值量不变的情况下，价格可能有较大的变动。人们对体育服务的需要属于享受和发展的需要。但现阶段，从整体上讲，尚属于非基本需要，不具备消费刚性，具有较大的弹性。对体育服务的需求，不仅受价格的影响，还受许多非价格因素的影响。如居民的收入水平、工作和生活条件、余暇时间、文化传统和体育观念、时尚和习俗、个人爱好和主观评价等因素的影响。例如，在美国得到人们喜爱的拳击、棒球、橄榄球、篮球、网球、田径、游泳等项目比赛，门票可高达数十美元至数百美元，而足球比赛的门票在前几年只能卖到几美元。在西欧各国，精彩的足球门票价格可高达数十美元至数百美元。价格的上述差异，显示出民族文化传统、体育传统对市场需求的影响，从而对价格的影响。

(三) 我国体育产业资源配置方式

1. 政府对体育产业的宏观调控和管理的基本内容

体育管理主要是指管理主体为达到一定的体育目的,在一定的体育思想指导下依据体育规律对整个体育活动进行有效的决策、计划、指挥、组织、调节与监督,以取得最佳的体育效能的过程。体育产业的管理则是通过管理体育产业的主体以达到一定的体育目的和产业的经济目的,依据体育规律和经济规律,对体育产业活动进行有效的决策、计划、指挥、组织、调节和监督,以取得最佳的体育本质功能效果和相应的经济效益的过程。体育产业不是体育和产业的机械相加,它从一方面看是体育活动,从另一方面看是产业的经济活动。因此,就体育产业管理对象的内容来看,它仍可分为体育活动和经济活动,所以,体育宏观管理对象内容也是如此,具体来说,包括体育产业的规模和质量、结构和布局、经济运行等。

2. 政府对体育产业的宏观调节是辅助性的调节

在建立有中国特色的社会主义体育事业的管理体制中,应充分考虑在发挥市场对体育产业产生促进作用的同时,要加强和改善政府对体育产业的宏观调节,政府对体育产业的宏观调节是政府对管理体育产业的基本职能,它可以解决市场所不能解决的问题。政府的控制和干预可以保证体育产业的政治方向,也可以充分保证体育事业发展的战略重点,更可以协调体育事业发展的规模和速度。

3. 市场机制对体育产业的调节是基础性的调节

市场经济作为一种经济机制,它的核心是利用价值规律和供求关系的变化,通过自由竞争、优化资源配置来获得最大的效益。因此,对于市场经济来说,一切经济和社会活动都会受到市场经济规律的影响和制约。体育作为一种具有巨大投资效益的战略,同样是一种高度社会化的活动,在市场经济条件下,它也必然受到市场经济的许多特性和"游戏规则"的渗透和影响。我们可以看到,市场机制有助于体育资源的合理配置,也有助于体育供求的平衡,更有助于体育运动技术水平的提高。尽管如此,市场是一只"看不见的手",在体育领域自发地发挥作用,也有其显而易见的弱点和消极方面,它将以各个体育微观单位的利益作为体育产业经营开发的出发点,不能自动地反映体育供求的长期变动趋势,不能自动地实现当前利益和长远利益、局部利益和整体利益的有效结合,很容易产生某种程序的自发性和盲目性。由此可见,市场机制对体育产业的调节就是基础性的调节。

4. 政府对体育产业运行的宏观调控

宏观调控又被人们称之为"看得见的手"。所谓"看得见的手"是指国家运用各种经济工具、经济手段对市场失灵和市场残缺予以调节和控制的经济行为的形象描述和概括,它是现代市场经济与早期市场经济的重要区别之一,也有人称之为"国家干预"。"看得见的手"对体育产业的调节和控制是利用财政、税收、利率等经济杠杆和计划手段,干预体育产业,其基本目标是实现体育竞争的公平和保障体育产业的稳步发展,弥补"看不见的手"在调节体育产业运行中的消极作用。过去计划经济时期,我国发展体育许多行之有效的办法和措施,仍然可以在现在使用。一般来说,政府主要是采用以下几种手段对体育产业进行宏观调控的:

(1) 运用政府财政投资手段

我国体育产业运行过程中,既存在"市场残缺",也存在"市场失灵"。市场残缺是指市场体系不健全的状况,市场残缺导致市场功能不能完全发挥出来。市场失灵是指市场本身障碍造成市场功能发挥受到限制的状况,市场失灵导致市场配置资源出现效益低下。我国体育产业发展状况极不平衡,各类市场,如健身娱乐市场、竞技市场等,有的市场发展迅速,有的市场发展缓慢。存在体育产品和服务的价格定位不合理,整个体育产业的管理还比较混乱,体育产业内部资源配置缺乏效率等情况。我们可以充分利用财政的购买性支出和转移性支出的功能,使其在我国体育产业的运行过程中,充分发挥其纠正市场不完善的功能,解决体育产业运行中存在的各种矛盾和问题。

(2) 规范现有的体育管理部门的活动

加强对体育管理部门的领导,促进其市场走向的各种改革工作。现阶段,宏观调控可以下工作为中心:转变各级体育管理部门的职能,压缩体育管理机构数量,精简体育行政工作人员,因地制宜地发展各类群众性体育社会团体、体育组织,进行多种形式的体育市场经营,扩大招商引资,大胆进行体育股份制改革等。

(3) 通过税收等手段和政策对现有体育资源加以再分配

理顺体育产业和其他产业部门的关系,消除体育产业发展过程中可能出现的各种矛盾,为体育产业的发展提供一个良好运行的外部环境。

(4) 制定体育经济行为主体的法律、法规和其他规章制度

当代经济发展的一大特点是法制化、规范化,法律是宏观调控的主要内容之一,其在体育经济中的作用已经被人们普遍认识到。在体育产业的运行过程中,法律可以为现有的体育产业中的经济活动设定规范,解决体育产业运行出现的各种矛盾和纠纷,理顺体育产业中的各种经济关系。

(四) 体育产业资源的开发

体育产业资源开发就是指通过适当的方式,把潜在的体育产业资源改造为可供利用的资源内容并得以实现,或有效发挥、改善和提高体育产业资源利用率的经济过程。应该说这一过程包括两个不同类型的部分,一是发掘出新的资源内容;二是深度发挥原有资源的利用效率。而不论是哪一类型的开发,其实质都是尽可能地发现和利用各种资源,以实现更高的资源价值和产业发展目的。

1. 考虑市场需求状况

体育产业资源开发的最终目的是为了实现资源的最大效益,为了最大限度地满足资源需求。在从资源向产品的转化中,市场需求决定了转化的量及范围。因此,在体育产业资

源开发中，对需求的客观认识成为资源开发是否成功的前提。

2. 坚持可持续发展

可持续发展的观点是人类发展中必须坚持的重要观点之一，在资源开发中，这一观点尤为重要。它要求我们在资源开发时不仅着眼于现在，更重要的是要顾及和考虑到未来可能的发展状况，不仅重视资源效益最大限度的实现，更重视有效节约资源，以便在满足当代体育产业发展需要的同时，不损害未来体育产业的发展。

3. 突出重点目标、兼顾综合效益

体育作为我国社会文化的一个重要组成部分，具有社会主义公益性质，因此体育产业的发展也必然会表现为多效益的综合实现。我们从事体育产业资源的开发，应该针对体育产业的这些基本性质、基本特点，在开发中围绕不同资源的特点、功能，不同产业主体的特点及规律，确定合理的开发目标，既突出产业主体发展中的重点目标，保证其在主导利益实现下的生存，又兼顾体育产业资源开发中综合效益的实现，以确保资源开发活动，即主体产业活动的良性运转。

4. 全面认识、综合开发，客观认识资源的流动弹性

体育产业资源的范畴广阔，边界模糊。因此，对其的开发应以全面认识为前提。即在进行开发时，首先能够确认开发对象的范围，即外延的确定。其次就是对其开发方式及效果的深度挖掘，即内涵的开发，尽可能实现资源的各种综合效用。

另外，由于资源一般都具有一定的流动弹性，但其流动弹性各不相同。如人力资源具有较高的流动弹性，而自然资源的流动弹性相对较低，稳定性较高。因此，在进行体育产业资源开发的过程中，必须能够客观认识各类体育产业资源的流动弹性特征，针对不同类型的不同特点，采取不同的开发方式。

第二节　体育市场营销

一、体育产业的市场营销

（一）体育市场营销的基本步骤

1. 市场调研

预见消费者需求的一种方法是通过进行市场分析研究来收集关于体育消费者的信息。市场调查是应用得最为广泛的营销调研工具，通过问卷、电话或邮件（亦包括电子邮件）来了解体育消费者的意愿、态度和购买行为，通过环境来预见消费者需求。

2. 分析市场营销环境

市场营销环境是指存在于体育产业组织营销职能之外的不可控制的因素，这些因素制约和影响着组织的生存和发展。

市场营销环境包括微观环境和宏观环境。微观环境是指与产业组织紧密相连，直接影响组织营销能力的各种参与者，包括组织内部的组织架构和管理制度、市场营销渠道链中的企业机构、顾客和潜在顾客、体育产业中存在的竞争者以及社会公众。宏观环境是指影响微观环境的一系列社会力量，主要有人口（总量、年龄结构、性别、地理分布、家庭组成）、经济环境（收支情况、区域发展状况）、政治法律环境、科学技术环境以及社会文化环境。微观环境直接影响与制约体育产业组织的营销活动，而宏观环境一般在影响微观环境后，间接作用于组织的营销活动。虽然如此，由于宏观环境的改变与微观环境的变化存在着一些必然的联系，因此，研究体育产业组织所处的宏观环境依然重要，尤其是在国际体育营销当中。研究市场营销环境是为了认识体育产业组织所处的状态，明确消费者的需求变动。其作用在于回避环境威胁，把握市场机会。

3. 市场的选择

（1）市场细分

体育市场细分是指按照体育消费者需求把一个总体市场划分成若干个具有不同特征的子市场的过程。分属于同一细分市场的体育消费者，他们的需求极为相似，分属于不同细分市场的体育消费者对体育产品的需求存在着明显的差别。市场细分的客观基础是消费者需求的差异性，体育市场细分就是把这种差异进行分离，使之成为一个个相对具有同样特点的市场。

市场细分的目的是为了选择合适的目标市场。有效的体育市场细分必须具有以下五个特点：

①可衡量性用来划分细分市场大小和购买力的特征性程度，应该是能够加以测定的，达到量化水平。

②足量性细分后市场的规模应该大到足够获利的程度。

③可接近性即能有效地到达细分市场并为之服务的程度。

④差别性细分市场在观念上要有所区别，提出各种不同的方案，并且对不同的营销组合因素和方案做出不同的反应。

⑤可能性细分市场必须是能够提出可行性计划的，而这个计划必须具有一定的有效程度。

（2）体育目标市场的选择

①适当的消费者规模

目标市场中必须有足够多的消费者对体育产品和服务具有潜在的购买欲望，这样才能保证其需求水平能符合企业销售的预期水平。目标市场不应过多，消费者规模亦适中。因为体育用品与服务的涵盖面相当广泛，且差异显著，众多的目标市场使企业多线作战，不利于发挥自身优势，因此企业很难在所有的目标市场中均取得满意的经济效益。

②目标市场的同一性

即市场的特点易于确认，市场内的消费者有共同的需求。人们从事体育活动的一个重要特征是因人而异，从年龄来看，青少年活泼好动，追求挑战，喜好如篮球、滑板等运动，而老年人喜欢温和、非对抗性的活动，如棋牌、剑舞等；从生活方式来说，个性化的人喜欢标新立异的服饰，喜欢个人项目，而组织化的人，追求团体的归属感，更多愿意从事协作性强的集体项目，且从众心理明显。因此，体育用品或服务的供给商应该根据这些特点，有针对性地选择自己的目标人群。

③目标市场的可操作性

选择目标市场最关键的一环是可操作性，即通过一定的手段和渠道，让你的潜在消费者能感知和了解到你的产品或服务，然后以最便捷的渠道让他们获得。如果体育产品不能送达到消费者手中，或者不能充分与消费者交流，目标市场的选择无疑是失败的。例如，在一个没有电视信号和报纸的偏远山村，向当地居民推销足球彩票是毫无意义的。

（3）市场定位

体育市场定位是营销过程中选择目标市场的重要环节。体育市场定位就是企业根据目标市场上同类体育产品的竞争状况，针对消费者对该类产品某些特征的重视程度，为本企业产品确定独特的、有价值的位置，并将其形象生动地传递给消费者，求得消费者认同。市场定位的实质是使本企业与其他企业严格区分开来，使消费者明显感觉和认识到这种差别，从而在体育消费者心目中占有特殊的位置。

体育市场定位与体育产品差异化有着本质的区别。市场定位是通过为自己的产品创立鲜明的个性，从而塑造出独特的市场形象来实现的。体育产品差异化乃是实现体育市场定位的手段，并不是市场定位的全部内容。体育市场定位不仅强调体育产品差异，而且要通过体育产品差异建立独特的市场形象，赢得体育消费者的认同。体育市场定位的原则主要有：

①根据具体的产品特点定位，构成产品内在特色的许多因素都可以作为市场定位所依据的原则。

②根据特定的使用场合及用途定位，为老产品找到一种新用途，是为该产品创造新的市场定位的好方法。

③根据消费者得到的利益定位，产品提供给消费者的利益是消费者最能切实体验到的，也可以用作定位的依据。

④根据使用者的类型定位，企业常常试图将其产品指向某一类特定的使用者，以便根据这些消费者的看法塑造恰当的形象。

体育市场定位的层次，主要分为行业和企业两个层次，后者还分为产品定位、服务定位、人员定位、渠道定位和形象定位五个方面。

(二) 体育市场营销策略

1. 体育产品组合策略

(1) 体育产品的结构设计

随着体育市场不断成熟和深入的发展，大量的事实证明，体育运动不仅逐渐成为推广和宣传产品的良好载体，而且本身就具有巨大的主体开发价值。当运动装备、运动器材和运动服装等被假设为广大百姓所固定和不断消费的商品时，其商业运作的结构设计重点则围绕着体育产品的功能而进行。当运动员、运动会和运动队被假设为是市场主体并进行研究时，其商业运作的结构设计侧重点围绕着体育运动的社会性和情感性而进行。

所谓体育产品的结构设计，是指买方或者卖方为了完成一个体育产品的价值交换，对该产品在参与性、娱乐性、表演性和观赏性等方面进行重组，从而设计出一个更为市场所接受的"商品"。在大多数情况下，经过设计的这个"商品"与其原形已发生了相当程度的变化。从这个意义上说，一个市场竞争力较弱的体育产品，经过结构设计后有可能变成一个新上市的颇具吸引力的"抢手商品"。

(2) 体育产品的品牌策略

由于现在同类产品在性能、质量、服务等方面的差距越来越小，产品的同质性越来越高，所以，品牌成为衡量产品的重要因素，所以，越来越多的企业都把品牌作为企业生存的生命线，体育产品的企业也是如此。

品牌就是著名商标，它能够反映一个企业的整体素质，标志着企业的信用和形象，是企业的无形资产。品牌还可以集中反映一个企业、一个地区，以至一个国家的综合实力。现在世界上经济发达的国家，都是以著名品牌作为其经济支柱的。

在中国，品牌意识也日益强化，众多的地方名牌、国家名牌如雨后春笋般涌现出来。传统的"老字号"也加强了对自己品牌的重视和保护。各种各样的"专卖店""专柜"出现在街头，体育产品逐步走向集中、专营化的道路。广大消费者的购物方向逐渐从"百货商场"转向"专卖店"。消费观念也从一般满足使用功能转向追求品牌。

2. 体育产品定价策略

产品的价格是其价值的体现，是生产者根据包括研制、加工在内的生产成本，运输、仓储、销售等流通领域的成本和适当的利润确定的，并且受到市场需求、竞争力等诸多因素的制约，所以它是一种产品在市场上的集中体现。因此，价格是市场营销的重要组成部分，消费者主要通过对不同产品进行价格比较的最直接的因素。如何定价，所定的价格水平如何是企业经营者必须重视的问题之一。

(1) 体育产品定价目标

不同的企业有不同的定价目标，一般是根据企业自己在市场中的地位和对市场的预测制定的，并且根据不同的时间采取不同的定价目标。

（2）影响定价的因素

除了根据市场因素和成本、利润的条件定价以外，还有一些因素影响着价格。企业在推出一种产品或者服务时，往往以多种价格来完成。

（3）体育产品的定价策略

在制定价格时，不同的企业对于不同的产品往往实行不同的定价策略，他们在分析了市场前景、自身和竞争对手的经营状况后，确定了自身的定价目标，然后，根据定价目标决定采取什么定价策略。

（4）定价方法

体育市场中的价格是由体育产品和服务的价值决定的。在体育市场中，经常使用的定价方法主要有以下三种：

①成本添加定价。成本添加定价是指在成本的基础上加上期望获得的利润的定价方式。这种定价方式中的成本是由盈亏平衡点的计算公式决定的。它的利润亦称为添加量或边际效益。

②价值附加定价。价值附加定价是指在与另一个产品进行比较后，将一个产品的使用价值因素增加到价格中去的定价方式。如果一个制作网球的厂家在进行产品试验后发现他们的网球使用周期比另一个竞争对手的产品使用周期高出一倍，他们也许会把自己的产品价格提高一倍。因为消费者能够接受更高的价格去买更实用的产品。

③竞争策略定价。竞争策略定价是指针对竞争者或针对市场状况所进行的定价方式。在针对竞争者的定价策略中，一个通常使用的方法是将自己的产品与竞争者的同类产品相比较，并在自己的产品上增加更多的附加值以提高价格。在针对市场状况的定价策略中使用的方法，是将自己的产品与相关产品进行比较后进行定价，以争取消费者。如果市场调查揭示某地消费者的空闲时间更多用于看足球赛或看电影，那么体育市场的组织者就应考虑将足球的票价与电影票价相比，因为电影票价已成为足球票价的影响因素了。

无论采用哪种定价方式，体育市场中价格的敏感度是一个不得不考虑的因素。价格敏感度是市场反应的温度计，可以迅速地反映出某产品的价格变化与市场需求量变化之间的关系。两个测定价格敏感度的应用指标为价格弹性和价格惰性。

当一个体育产品的价格变化引起较大的市场需求变化时，这种现象被称为价格弹性，如果一个体育产品的价格变化并不能引起较大的市场需求变化时，这种现象被称为价格惰性。

3．分销策略

分销策略，有的营销理论称其为地点策略，是指如何将体育产品或服务最有效地销售到消费者手中。

（1）直销

提供现场比赛或经营健身娱乐项目都属于直销。此外，越来越多的交互手段被应用于直销，如电视直销、网络直销和邮购。

（2）中介销售

随着体育商品市场体系的逐步完善，更多体育产品的销售任务交给了专业的营销机构完成，他们被称为分销中介。

①买卖中间商

包括批发商和零售商，他们买入产品，取得所有权，然后再销售商品。

②代理中间商

他们负责寻找顾客，也可代表体育产品的生产者进行谈判，但是不拥有体育产品的所有权。

4. 促销策略

促销是促进产品销售的简称，是指体育营销人员利用各种方式，沟通生产者与消费者之间的信息，引发、刺激消费者的消费欲望和兴趣，实现其购买行为。促销的实质是生产者和消费者之间信息沟通的过程。促销策略包括广告、赞助、公共关系、销售促进和个人销售的运用等。促销是立足于将现有的产品卖给消费者，是以体育产品的销售为出发点，寻求市场份额，即"产品 & 市场"观念，而营销的目的是要最大限度地满足消费者的需求，以市场需求作为产品生产的原动力，即"市场 & 产品"观念。促销手段的运用是市场营销必需的成分之一，但切忌以偏概全。由于不同目标市场中消费群体需求的不同，而且各种体育产业市场亦有自身的特点，因此，其中的市场营销策略也表现出一些明显的区别。

5. 产品与服务策略

产品与服务策略是指依据顾客的关注来提供能满足其需求的产品或服务。在该策略中，体育营销者需要决定产品的特许、销售规划、品牌和包装，以及更宏观一些的诸如新产品开发、维持现有产品和消除劣势产品等。此外，由于大量的体育产品是以服务而非实物的形式出现，因而体育产品的服务价值、人员价值和形象价值就值得特别关注，以增加消费者所购买的总价值。

（三）体育用品营销

1. 体育用品分销渠道

（1）体育产品分销渠道的构成

一个体育产品从生产者到消费者的手中，至少经过一个环节以上的流通环节。以运动服装为例，需要经过生产厂商——推销商——批发商——零售商等，然后才能到达消费者，如果再加上包装、运输、保险、仓储和市场推广等不同环节，至少要经过七道程序。

（2）体育产品分销渠道的建立和维护

经常介入和参加到体育产品销售体系中的组织和群体，大致包括以下几种：制造商、经销商、批发商、零售商、体育市场推广机构和体育产品消费人群。在这套体系的建立中，销售渠道、销售类型和销售权益是体育市场中三个十分重要的市场概念。销售渠道是指将体育产品从生产地点送达到消费者居住地之间的各个环节，包括体育场馆、体育产品营销店、城市中体育俱乐部的布局、票务销售系统，电视转播网络和媒体宣传渠道等与产品流通有关的机构和组织。

根据产品的需要，销售渠道可以按照不同的方法分类，如直接销售和间接销售，长期销售渠道和短期销售渠道，提供产品的和提供服务的，但是，不管什么渠道，方便消费者和接近消费者是最重要的原则，而销售地点和销售方式的选择，主要目的就是为了更适合消费者的消费习惯和消费倾向。

随着经济的发展和社会的进步，销售渠道发生很大的变化，主要是减少原来传统的市场销售体系的中间环节，从而降低商品流通过程中所发生的费用。于是在产品销售中出现了单一品牌的专卖店和特大型的综合商场，出现了邮购和电视直销，出现了计算机网络销售等新的销售形式。

（3）销售地点

选择销售地点应该考虑地理位置，所在地区的现代化程度、生产力发展水平和人均收入水平，当地的人口数量和气候状况以及销售地点的风俗习惯和文化传统等。

2. 体育用品的品牌营销

建立品牌是为了将自己的产品在市场中与其他产品区分开来，本质上来说，品牌代表了销售者对交付给购买者的产品的特征、利益和服务的一贯性承诺。如今的体育市场营销者特别强调品牌的个性，注重消费者对于品牌的忠诚度。品牌忠诚度来源于市场环境下品牌贡献给产品的价值与它所固有的使用价值之间的差额，差额越大，消费者就越能对品牌感到满意，从而成为品牌的忠诚者或重复购买者。体育营销者通过控制产品属性或特征、产品性能或质量、价格、品牌名称、消费者服务、包装、广告、促销和分销来不断强化品牌形象，以维持消费者的认可程度。今天的体育用品品牌除了满足其基本的物质需要还被赋予了丰富的文化内涵。

3. 体育用品的创新营销

体育营销是针对消费者的需要，主动提供新的产品，创造新的需求。体育用品的创新包括体育用品的新发明（如第一个直排轮旱冰鞋）、产品链的延伸（如滑雪太阳镜）和现有产品的改进（如碳质网球拍代替木质网球拍）。任何一个新产品都会经历导入、成长、成熟和衰退等4个阶段，亦称产品的生命周期，针对新产品不同的生命阶段，营销者会采取不同的营销策略。

（1）导入阶段营销

在导入阶段，体育营销的目的是在愿意尝试新产品的消费者中间产生知名度和刺激体验，其定价策略往往视营销战略而定，如果是要获得广泛的市场份额，则设定一个相对低廉的价格，以期尽快获得市场的接受，如果要以较高的质量占领某个特定的消费市场，则定价可以相对较高。在此阶段需要大量的促销活动来鼓励消费者尝试新产品，分销商也应该选择有良好形象、知名度较高的企业。

（2）成长阶段营销

成长阶段是产品生命周期的重点，此时的营销目的是要建立消费者的忠诚度并继续扩展生产链，这时是品牌效应大显身手的时候，促销务必要强调品牌的优势并能提供给消费者更多的让渡价值，此外，要建立与分销商的广泛联系，以保证产品容易得到，有时体育营销者需要降价以保持竞争优势或者人为的维持高价来提高被人认知的质量。

（3）成熟阶段营销

在成熟阶段，新产品已经不再是新产品，面对越来越多的市场竞争，营销者需要发挥任何一种优势并进行更多的促销来鼓励消费者再次购买。

（4）衰退阶段营销

在衰退阶段，最明智的选择是逐渐退出该体育用品市场，或者，瞄准新的目标市场重新定位体育用品，也可以在此基础上创新体育用品，进入新一轮的产品生命周期。

4. 体育用品的产品关联营销

（1）纵向关联营销

纵向关联主要指体育用品的产品链，亦称产品线。在某项体育活动中，人们需要的往往不止是一种体育用品，换句话说，这些用品密切相关，满足的是同一类需要，它们被一起销售和使用，例如，篮球、篮球衫、篮球鞋、护腕、护踝、发带，体育用品商通常会将处于某一产品链中的体育用品"捆绑"在一起以相对实惠的价格销售，或利用其中某个产品的市场影响力来推销与其相关的其他产品。

（2）横向关联营销

横向关联主要指丰富体育产品的品种。在某一类产品中，经营者会在材质、样式、颜色、尺寸上大做文章，以尽量满足不同消费群体的需求。在定价上，营销者会在该类产品中确定一种高价产品和一种低价产品，由于高价产品一般不会是首选，而低价产品往往代表质量稍逊，因此，消费者很容易将注意力集中到该类用品中间价位的商品上。

（四）体育市场营销战略

体育市场营销战略制定的过程包括：分析市场营销环境；明确企业发展任务；确定企业的市场营销目标；进行市场细分、选择目标市场；制定市场营销计划；管理与控制。

1. 分析市场营销环境

制定体育市场营销战略的前提，是必须保持企业的营销活动与总体环境之间的相互适应，这是企业营销的基础。人口因素、经济因素、政治因素、科技因素、市场需求的变化、竞争对手的情况、企业内部的状况等这些都会对体育经营组织产生巨大的影响，因此必须对这些因素进行分析，以更好地进行市场营销活动。

2. 明确企业发展任务

一个企业的存在，必须与总体环境中的某一部分相适应，随着环境的改变，企业的任务也会发生相应的变化。因此，体育经营组织必须在一定的环境中要明确本企业的经营业务是什么？消费者是哪些人？消费者最需要什么？本企业将来要发展的业务是什么？未来企业会发展成什么样？这些问题看起来非常简单，但是要做出正确而恰当的回答却很困难。一个成功的企业总是在不断地提出这些问题，认真地回答这些问题。

除此之外，体育经营组织在制定企业任务时，还应该要考虑市场的发展方向、企业在环境中所处的地位、企业面临的机遇和威胁、企业的现有资源及能力等因素。

3. 确定企业的市场营销目标

当体育经营组织的管理层认清了自身所处的环境，进行了环境分析，并明确了企业任务之后，就可以设立特定的市场营销目标了。实际上，它们对整个公司来说是个指路图。它是企业任务的具体化，将企业的任务转为一套完整的目标体系。在制定营销目标时企业应该着重考虑消费者及其需求、企业如何才能有效地满足消费者的需求、企业的资源、能力与优势、企业所要获得的是什么等。

4. 进行市场细分，选择目标市场

市场细分的目的在于发现市场机会，从一系列细分市场中选择最适合的目标市场，以尽可能地扩大销售、增加利润。

5. 确定企业的市场营销组合

市场营销组合是现代营销中的主要概念之一，它是指企业可控制的一组营销变量，企业可以综合运用这些变量以满足消费者需求，实现其营销目标。当目标市场确定之后，体育组织为了实施营销战略，就要确定市场营销组合方案，尽可能地运用各种营销策略，有效地将它们组合成一个协调一致的整体方案，灵活的使用，以更好地达到预期的经营目标。

市场营销组合是指企业在选定的目标市场上，对可控制的因素（变量）加以最佳组合运用，以完成企业的目标和任务。

6. 管理和控制

这是整个市场营销管理中极其重要的环节，体育经营组织制定市场营销计划不仅仅是纸上谈兵，而是为了指导体育营销活动，实现企业的战略任务与目标，因此对营销计划的实施必须进行管理和监控，在执行的过程中给予反馈、修正和检验，使体育经营组织的营销战略更加完善。

7. 营销战略的意义

企业的营销战略是企业营销活动的生命线，它关系到企业营销的兴衰成败，一个没有战略思想的营销计划，就等于没有灵魂。体育市场营销战略在体育市场营销中有着重要的意义。

第一，通道营销战略的制定，可以协调体育经营组织内部的各种活动，使企业的资源配置、生产、销售等过程得到统筹管理，提高企业内部管理的效率，使企业的人、财、物等资源得到更加充分、合理的运用。

第二，促使体育经营组织主动地、详细地预见和分析环境的变化，正确确定企业的市场营销目标，并为达到目标，选择最恰当、最有利的途径。

第三，通过营销战略的制定，使体育经营组织可以明确未来行动的方向，尽可能减轻环境变化给企业带来的消极影响，避免企业市场营销活动的盲目性和波动性。

第四，营销战略的制定，能促进体育经营组织改进管理，加强企业各部门、各层次之间的联系，提高企业自身的素质，把企业内部可能出现的冲突与矛盾减到最低程度。

总而言之，体育经营组织的市场营销战略关系到企业的兴衰成败。企业处于动态变化的环境中，必须常常进行战略调整，要善于发现问题和机会，强化企业在市场上的竞争力和应变能力。

（五）体育市场营销策划

营销策划是营销活动的核心，是对营销活动的每一个环节进行全新的构思与创新，预先做好一整套规划，并将它作为行动的准绳以及评价的依据。必须要与企业的整体经营策略配合才能更好地开拓市场。

1. 概念

市场营销策划就是一个社团的比赛计划，会像所有体育比赛的组织者一样承担所有的准备、计划、协调和执行工作。

体育市场营销活动是由一系列有组织的人员来进行的，它的成功离不开有效的市场营销策划。它是在对经营组织的营销环境充分认识之后制订出来的，在深入研究体育市场特征的基础上，配合体育经营单位的总体目标、企业的资源条件等加以拟订的，它既是指导整个企业营销活动的依据，也是解决营销过程中某些问题的创意思维。

2. 组织结构

很多体育经营组织都会设置专门的营销策划部门。不管是中小企业，还是大型的企业，营销策划部门的重要性就如人的大脑。有了它，企业就可以按照自己的企业目标自行设计各种营销策略。

进行市场营销策划有几种方法，依据体育经营组织的规模和职员的能力，所采取的方法也会有所不同。在规模大、利润率较高的体育组织，制订计划的责任通常由公司首席执行官、副总、营销部门经理和财务经理共同承担。而在规模小、利润低的企业，营销计划通常是仅仅由首席执行官和营销经理制订。有时候，一些小型体育组织可能会由于人力资源的限制而雇佣公司以外的专业策划公司，而且，有很多体育经营组织，尤其是一些规模比较大的公司，有时也会将企业策划的一部分交给专业策划公司来做。美国奥林匹克组织的许多全国性理事会正是用这些方法获得了不同程度的成功。

3. 体育营销策划人员的素质

要做一名好的体育市场营销策划人员，除了具备创造性思维能力外，还必须具备以下的基本素质：

（1）要具有比较实用的知识结构

作为策划人员，要具备体育方面的专业知识、经济学的知识、统计学的知识、心理学的知识以及一定的法律知识。

（2）要善于接受各方面的意见

策划人员除了要有精益求精的精神，还必须要有接受不同意见的态度，不管是批评也好，赞美也好，这些评价都可以提高策划的质量。此外，尽管策划是一个非常有创意的工作，但是，它仍然不可避免地要受到其他因素的影响，作为一个策划人员，必须要有善于吸收的能力，要善于吸收外来的有利的资源来充实自己，拓宽自己的思路。

（3）要有敏锐的观察力

策划人员不仅要能够很快地从众多的资料中，甚至别人不会在意的资料中发现可以利用的材料，还有就是当面临问题时，策划人员可以凭借敏锐的观察力，迅速发现问题的症结所在，尽快地找到解决问题的方法。

（4）要有良好的公关能力

策划人员是使问题得到解决的人，许多策划人员在工作中往往会利用现有的社会关系，因此，优秀的策划人员必须善于调动社会资源，有良好的社会关系，并具备处理各种人际关系的能力。此外，他们还必须具备良好的语言表达能力和幅面表达能力，能够熟练地运用一定技巧，如统计数字、图像图表等来增强自己的说服力，使客户或主管乐于接受自己的营销策划。

第五章　冰雪体育旅游产业发展及策略

第一节　冰雪体育旅游基础及内涵

一、冰雪体育旅游的理论基础

（一）可持续发展理论

"可持续发展"不只是能够保证当今所需能够得到满足，还可确保今后世世代代的发展所需。可持续发展是处于动态变化之中的，在整个过程中，资源的配置、技术的发展等都处于不断协调中，而且能够增强现在和今后满足人类希望的潜力。

1. 基于自然学科的定义

生态学家率先提出了"持续性"一词，其初始含义为"生态持续性"。目的是强调保持自然资源及其开发利用间的平衡。将可持续发展定义为保护和增强环境系统的更新能力与生产能力。该概念确定了可持续发展必须是在环境系统更新能力范围之内实现的发展，而不能超出这一范围。

2. 基于社会学的定义

定义"可持续发展"为：生存于维持生态系统涵容能力之内，即不超过这一能力下，在这种情况下促进人类生活品质的不断改善。该概念中明确了人类可持续发展应当遵循的基本原则。

3. 基于经济学的定义

对可持续发展的概念界定为：在确保自然资源及其所提供服务的质量得以保持的基础上，使得经济发展净利益达到最大化。可持续发展意味着今天的使用不会使得未来的实际收入减少。这种发展在为当代人创造更多福利的同时不会导致后代人的福利受损。

4. 基于科技学的定义

使用更加清洁、更加高效的技术——尽量密封式或是零排放的方法——使得其他自然资源所发生的损耗能够尽可能减少。

5. 综合性定义

可持续发展是社会、经济、环境、人口、资源等的共同发展、协调发展，目的是不只满足当代人的需求，还可保证不会危害后代人满足其需求的能力。可持续发展的主要含义如下：经济可持续、生态可持续、社会可持续。这三个方面在整个可持续发展系统中是高度统一的，每一个都不可忽视，确保在追求经济利益的同时，充分考虑社会公平以及生态保护，在此基础上，促进实现人类的全面发展。

（二）旅游业的可持续发展

以往旅游业被认为属于无烟产业，然而，伴随着全球旅游经济的飞速发展，旅游开发带来的生态问题、资源问题日益凸显。当前，国内外都围绕旅游可持续发展问题展开了深入的研究，众多学者基于可持续发展理论，从多个角度针对可持续旅游展开了研究。目前，关于旅游可持续发展的概念界定，国外比较具有代表性的一种定义是：在生态完整性与文化完整性得到维持的基础上，使得人们在经济、审美、社会等方面的需求得到满足，不只是能够为今天的东道主带来收益，而且还可增进后代人的利益，确保后代人能够获得相同的机会。

旅游业的可持续，是将可持续发展理念运用到旅游领域，因此，可持续发展的基本内涵在旅游业可持续中得到了保留。旅游可持续同样注重代际公平问题，指的是当代人与后代人、当代人之间等在进行旅游资源的分配时应当做到公平，因为旅游资源是有限的，所以资源分配是十分重要的。不能将牺牲、破坏旅游区的生态环境为代价以满足部分旅游者的需求，当代人也不可以牺牲、损害后代人在旅游资源利用上的公平机会为代价来满足自身发展。此外，旅游业的可持续发展，还突出了必须重视保护环境、保护资源，必须是以生态环境的可承载能力为基础来开发利用旅游资源。旅游资源开发与生态环境协调，是分析旅游业是否实现可持续发展的首要标志。环境承载能力，是判断旅游业是否可实现可持续发展的重要参考指标。可持续发展，要求是在环境承载能力范围之内实现的发展，确保可更新资源的使用速率不会超出其再生速率，对于不可更新资源，确保其损耗速度低于作为替代品的可更新资源的速度，唯有如此，才可确保自然资源的永续。除此之外，旅游可持续还突出强调了经济发展应当以保护为前提。特别是在那些以旅游产业为国家支柱性产业的地区、国家，同时兼顾保护与经济增长，经济增长了，国家才能够为旅游区的保护投入更多的资金，可持续发展才可落实。

（三）可持续发展理论对冰雪体育旅游的指导

1. 冰雪体育旅游与经济、人、社会、自然保持协调发展

依据可持续发展理论，不可将经济增长理解为实质上的发展，单纯的国民生产总值或人均国民生产总值的增加与发展并不是等同的，不能为发展提供坚实的基础。发展应当是

全面的、协调性发展，即社会、人类、自然、经济等协调发展。这样的发展，不只是实现了对人、自然以及社会各项资源的充分利用，而且还为促进实现人和社会的可持续发展提供了重要条件。持续发展强调发展不应当以局部、短期利益为追求目标，而是将长远的、整体的、系统的效益作为发展的追求目标，按照持续发展观，通过今天的发展能够为未来创造更好的发展条件，提供更大的发展机会，持续发展观强调必须提高资源的利用效率，确保有限的自然资源得到合理地运用，开发、利用资源的同时必须注重资源的保护以及生态平衡的维持。生态旅游发展不应当牺牲生态环境，而是应当通过生态旅游活动使得人们的环保意识增强，在参加旅游活动时更加重视环境保护。

2. 注重当地人的参与以使人的发展与社会进步相一致

按照可持续发展理念，所谓人的发展，指的是并不是少数群体或者是世界上少数国家的部分人的发展，指的是世界各国人民的发展，不论是经济发达的国家还是经济发展相对落后的国家，各国人民都可享受平等的发展机会。人的发展指的并不只是当代人的发展，而是包括当代与后代的持续发展，不只是要求人的物质需求能够得到满足，还要求人们在精神层面的需求能够得到满足，是人的全面发展，使得人在智力、体力等各方面的潜能能够获得充分展现。人的发展，是持续发展观的核心，而经济增长也只是为实现这一目标所采取的手段。而且，人与自然之间的关系、人与人之间的关系，这两种关系是决定人类生存条件、生活质量水平的重要因素。在开展冰雪体育旅游或者是进行设计时，应当考虑到当地人的参与问题，在追求人的发展的同时注意保护当地的人文与自然景观，保护生态环境，促进人与自然的和谐发展。

3. 重视保护文化是大自然生存文化的具体体现

判断人类社会进步水平时，文化是非常重要的因素，发展观也需要以一定的文化来体现。20 世纪后期，在人口、能源等方面出现的危机，反映了单纯科学文化的不足，而迫使人们以理解自然的角度来认识文化，并在此基础上，经过不断地发展，进入到 80 年代后，人们提出了"绿色思想"理念、"可持续发展"理念。冰雪体育旅游发展正是可持续发展观的一项具体实践活动，更是强调人与大自然的和谐共同的发展。

因此，在冰雪体育旅游发展过程中，时刻将可持续发展观作为指导思想，正确处理旅游环境承载力约束问题，充分考虑资源环境的承载力、经济承载力以及社会承载力等，以确保人类在资源使用上享有公平机会，对于那些注重开发而忽视保护、过度追求短期利益忽视长远利益以及只开发而没有保护等现象，需要从市场、意识等多个角度入手明确旅游可持续发展的结合点，正确处理开发力度与容量之间的关系，在各要素之间建立平衡关系，促进实现冰雪体育旅游的可持续发展。

4. 以理论为指导思想进行的实践

传统的均衡理论指的是对客体于均质空间的运动，利用机械化、形式化方法来进行陈述，但是可持续发展建立的平衡理论存在这样的假设前提：在某段时期，不平衡结构是普遍存在的。受到历史因素、经济因素以及社会因素等多方面因素的影响，各利益主体在实力、规模等方面都存在区别，于不同的条件下开展发展活动。具体来讲，发达国家与发展中国家在经济、文化等各方面都存在较大差异，因此，不可要求发展中国家采取与发达国家相同的发展模式。另一方面，各利益主体之间的关系和相互作用，各利益主体之间是彼此依存、互相影响的，在整个系统中，每个利益主体都存在其特定地位，而且能够得到与整体利益一致的最大利益。也正因如此，很多国家都签发了"保护地球"的相关协定。

旅游业发展日益激烈，在这种形势下冰雪体育旅游业这种发展模式之所以能够兴起，主要是因为冰雪体育旅游突出强调了游客、旅游目的地、当地人与旅游公司三方的共同利益，突出强调了产业发展中经济效益、生态效益以及社会效益彼此之间存在密不可分的关系。在它的发展中，动态的平衡理论得到了充分体现。

当代社会，经济、文化、科技等社会子系统彼此渗透、彼此作用时必须以可持续发展观为指导，这是基本准则。可持续发展观也是在人们对资本主义工业化发展进行反思后所提出的，也反映了当代人类科学的最高程度。该理论批判了传统发展观功利主义的价值观，以及其在世界观上的机械论。

可持续发展观的本义是强调保护环境、保护大自然生态化，同时，积极发展经济，增强社会稳定。而且，该理论还要求抛弃以往的"先污染，后治理"的发展道路，寻求绿色发展，即对向自然索取的速度与自然本身恢复的速度进行调整，走两者相平衡的发展道路。冰雪体育旅游的发展模式将人和社会的共同发展作为目标，与此同时，重视人、自然以及社会之间的协调发展，这些都满足可持续发展观的要求。故此，可持续发展理论为冰雪体育旅游发展提供了理论依据。

二、冰雪体育旅游内涵的阐释

（一）核心概念的梳理及界定

1. 旅游的定义

（1）中国对旅游的定义

从字义上理解，"旅"的含义为外出、旅行，指的是为了某一目的而在空间上由甲地到乙地。"游"其含义为娱乐、观光、游览，指的是为了能够实现娱乐、观光等目的而进行的旅行。旅游就是二者的结合。因此，旅行更加侧重于行，但是旅游则同时包含了行与观光、游览之意。因此，就字义的角度来看，旅游是一个广泛的概念。

中国的《旅游概论》定义旅游如下：在一定的社会经济条件下形成的一种人们以游览为目的的非定居者的旅行以及暂时居留而引发的所有现象与关系的总和。旅游是一种短期的、特殊的生活方式，其主要特征是业余性、享受性以及异地性。

（2）国外对旅游的定义

世界旅游组织的定义是："为消遣而外出旅行，旅客在某个国家的逗留时间不得少于

24 小时。"旅游为非定居者的旅行和暂时居留所引起的各种关系与想象的总和，对于这些人而言，不会永久居留的并且也不会进行一些营利活动。国际联合会对旅游的定义为：去一个国家访问、停留时间在 24 小时以上的短期旅客，旅游目的包括：休闲、业务、家庭、出使、开会，这就是旅游。墨西哥旅游部定义旅游为，个人基于保健、休息、娱乐等原因而通过自身经济手段自愿外出旅行。

2. 冰雪体育旅游的定义

对冰雪体育旅游做出科学的界定，为冰雪体育旅游开发相关问题研究的理论前提。

(1) 官方的定义

官方的定义往往是最具权威性与实用性的，对冰雪体育旅游的概念做出了规范性认定。

本文登录我国体育总局官网、中华人民共和国文化与旅游部官网试图找到最具权威的界定，只是提到冰雪体育旅游，但均无具体解释。本人又先后登录各省、直辖市的体育局和旅游部门官网，还是无从考证。

(2) 专家学者的定义

①从旅游学原理角度定义

冰雪体育旅游也属于一种体育旅游，因此，可结合体育旅游的概念结合现代旅游学理论，将冰雪体育旅游界定为：参与冰雪体育旅游的旅游者利用冰雪开展的各种体育赛事、康体活动、体育文化交流活动等与旅游地、旅游企业以及社会间关系的总和。还可理解为，为了保证冬季旅游者的各种需求能够得到满足，利用多样化的体育器材、冬季体育活动，使得冬季体育的功能得到充分发挥，促进实现旅游者身心的和谐发展。

②从旅游活动内容角度定义

从广义与狭义两个角度来定义冰雪体育旅游。首先，从广义层面上冰雪体育旅游，指的是冰雪体育旅游者利用各种冰雪资源而进行的各种体育竞赛、身体娱乐、体育文化交流等活动，以及在这个过程中由此而形成的旅游地、旅游企业与社会之间的各种关系的总和。其次，从狭义角度来看，可将冰雪体育旅游理解为，为了使得旅游者的冬季体育活动需求得到满足，借助多样化体育器材，使冬季体育的各项功能得到有效发挥，以促进旅游者身心的和谐发展，进而推动整个社会文明程度的提高，使得社会文化生活得到极大丰富的一种社会活动。冰雪体育旅游是依托冰雪气候资源这一载体来实现的，主要内容是：以冰雪运动这种形式来娱乐旅游者的身心。冰雪为实现冰雪体育旅游的载体，这是其一大突出特征。将旅游资源与冰雪体育运动结合起来，在此基础上，基于观赏体育竞技赛事或者是参与体育健身活动而以旅游活动这种形式而开展的冰雪体育活动，属于一种综合性活动。冰雪体育旅游的参与者是基于非盈利目的，围绕冰雪体育活动而开展的逗留、旅行，及因此而导致的各种关系与想象的总和。冰雪体育旅游的旅游者，其行为目的主要是参加、观赏冰雪运动、冰雪体育活动，是体育和旅游双向含义的体现，也是一种休闲式体验冰雪文化的方式。通过冰雪体育旅游能够体验冰雪文化、冰雪民俗、冰雪健身运动等，由此而产生一种新鲜感。

③从属性范畴角度定义

冰雪体育旅游是冬季旅游的重要组成部分，是以冰雪气候旅游资源为主要的旅游吸引物，其主要表现形式为冰上运动与雪上运动，旅游者在这一过程中不仅可使自身身心愉悦，而且还可锻炼身体，即属于健身娱乐过程，利用这一过程带来经济效益、社会效益，为此而进行的各种社会活动、文化、经济活动的总称。选择冰雪体育旅游的人其主要目的是参与冰雪体育活动，并且也是一种十分重要的体育旅游项目。冰雪体育旅游应当归入到生态旅游范畴。从狭义角度上看，可将其理解为，基于群众的各种动机，为满足旅游消费者对冬季体育旅游的各种需求，借助冬季体育的相关器材，使其诸多功能得以充分发挥，以使旅游者感到身心愉悦，促进旅游者的健康发展、和谐发展。从运动旅游范畴来理解冰雪体育旅游，最为突出的特征是游客以运动的方式参与冰雪旅游活动，由此，在冰雪运动的体验中感受到挑战、刺激、健身等，进而保持其身心愉悦。

④从旅游目的角度定义

参与冰雪体育旅游的游客其目的就是参与冰雪体育运动。并且，冰雪体育旅游产业是一个新兴产业，也是体育旅游中的重要组成部分。冰雪体育旅游指的是基于人们对冰雪体育的需求，为了满足这种需求，人们会离开家庭，参与冰雪体育运动，以使得自己的身心感到愉悦、增强自身的健康，或者是在某一方面的体育竞技能力得到提升、文化生活进一步丰富等。当代社会，冰雪体育旅游已经成为现代人越来越喜欢的一种度过闲暇的方式。冰雪体育旅游同时具有冰雪运动属性以及旅游属性，两者的有机融合形成了这种体育旅游活动，游客为参与冰雪体育活动、观看或参加冰雪体育竞赛、进行冰雪体育文化交流等目的而进行的所有逗留与旅行的总和。

⑤从产业、文化、社会综合角度定义

冰雪体育旅游是以冰雪这一气候资源为基础的，依托冰雪进行的各种与健身、体育、娱乐等相关的活动。是经过较长时期才形成的、产业化旅游活动，是旅游者可在冰雪场地上进行各种体育相关的活动，比如体育竞赛、体育文化交流、锻炼身体等等，这些活动及其所引起的旅游地、社会以及旅游企业之间的各种关系与现象的总和。冰雪体育旅游的首要目的是从事冰雪运动，这种活动是在自然环境下，依托冰雪资源开展的各种与体育相关的身体与文化活动。主要构成为旅游者、旅游地点等，并且这些要素彼此之间相互作用，由此而产生的一种文化、经济、社会现象。冰雪体育旅游使得旅游与体育实现了有机结合，形成了综合健身、娱乐、旅游等多方面因素的多元化的体育旅游市场。冰雪体育旅游指的是在旅游中，旅游者利用冰雪而开展的各种体育赛事、身体娱乐等活动，以及在这一过程中，旅游地、旅游者、旅游企业与社会彼此之间互相作用所形成的各种关系与现象的总和。旅游者为满足其对冰雪旅游的各种需求，而利用冰雪运动资源所开展的各种休闲健身活动、体育锻炼活动、体育赛事以及因此而产生的各种经济活动与社会关系的总和。

（3）本文的界定

结合上述分析能够发现，前述所讨论的"冰雪体育旅游"的概念，基于不同的研究视角，就冰雪体育旅游的某些突出特征进行了讨论，但是对冰雪体育旅游做出的定义不够全面。关于其内容和方式认识上并没有存在根本的分歧，对冰雪体育旅游是一种专项旅游、特色旅游基本达成共识。但由于研究视角的不同，目前，对于冰雪体育旅游还没有形成统一的概念界定。在界定冰雪体育旅游时关键在于突出其旅游资源特征和旅游活动本身的意义。经过综合分析，将冰雪体育旅游的含义概括为以下三方面：

第一，冰雪体育旅游是体育旅游的一个重要分支，是冰雪运动不断发展的产物，是旅游发展到一定阶段后，旅游业与冰雪体育产业交叉形成的新型旅游形式。

第二，它以冰雪场地设施、科研与产品、历史与文化、体育产业和管理经验等冰雪旅游资源为吸引物，经过宣传与推广，突出冰雪资源的吸引力，将其转化为体育旅游资源。

第三，它是融休闲娱乐、强身健体、感受刺激、体育赛事、体育欣赏与体育文化交流等活动为一体，来满足旅游者的求知、求新、求奇等旅游需求，从而实现企业自身的经济、社会、文化、管理等目标的一种专项体育旅游活动。

（二）冰雪体育旅游的价值

1. 冰雪体育旅游的社会价值

（1）有助于增进国民身心健康，提升国民生活质量

作为人类社会文化的重要组成部分，冰雪体育旅游，具有人类文化的本质特征，同时，还有其特异性特征。冰雪体育旅游的活动内容自身以及其开展活动的外部条件共同决定了冰雪体育旅游是具有其独特性的。就其外部条件来看，主要指冰雪体育旅游资源，特别是其自然资源，这也是吸引游客的重要因素，也是冰雪体育旅游与一般体育活动的主要区别，也是其功能的标志。这些外部条件包括名川大山、河流、湖泊、温泉、沙滩、森林、温暖的阳光、干净的空气等等。游客在这种优美的自然环境下能够保持舒畅的身心，有助于增强身心健康。在这种环境下参加体育活动，所产生的愉悦感、振奋精神、消除烦躁、舒缓身心、情操培养等作用，是在现代城市环境下参加体育活动所难以比拟的。故此，冰雪体育旅游在促进身心健康、陶冶情操、提高生活质量等方面发挥着重要作用，有其独特价值。

（2）有助于促进世界和平，加强国际间的友好往来，加深国际合作

现代冰雪体育旅游的快速发展与日益普及，吸引了越来越多的游客参与其中，有助于消除来自不同国家、民族、文化、宗教的人们之间的民族文化隔阂、冲突与矛盾，使得全球各族人们能够友好往来，互相学习、互相尊重，建立国际友谊，促进世界和平。关于冰雪体育旅游的这一功能可从奥运会的影响上来得以体现。奥运会，能够促进、加深全球各民族之间的文化交流与融合，奥运会在这个方面所发挥的作用是非常巨大的。体育运动在

全球各国都是十分普遍的，在人类社会中有着普遍价值，奥运会正是借助体育运动来为各国各民族的沟通提供了工具，使得全球各国人民，不管其属于哪个民族、哪个国家，不管是贫穷还是富裕，也不管其信仰是什么，都会获得公平的对待，不存在歧视、彼此尊重，在进步、友谊、和平这一原则下，汇集起来共同参与体育竞赛中，利用这种方式降低了各民族之间的文化冲突。

2. 冰雪体育旅游的经济价值

冰雪体育旅游的发展是随着社会文明程度的发展、进步而形成的一种新的、综合性产业，而且正在逐步成为推动现代旅游业、大众体育的重要力量。

(1) 增加国家创汇、保持国际收支平衡

市场经济环境下，世界各国之间的往来本质上是以货币为媒介通过市场进行商品交换。在对一个国家的经济实力以及国际支付能力进行判断时，国家外汇储备规模属于重要的判断指标。故此，应当积极开辟创汇渠道，加强本国与其他国家的交流与沟通，提高本国的外汇收入、国际支付能力，以不断增强国家的综合经济实力。

发展冰雪体育旅游可为国家带来更多的外汇收入。对于这一点，可从发达国家旅游业发挥的巨大作用来体现，在一些发达国家，冰雪体育旅游业所带来的外汇收入是十分可观的，主要是因为该产业的服务产品有着较高的附加值，体现在旅游者可获得健康、康复、体育医疗等方面的服务和指导，即冰雪体育旅游所提供的产品含有文化因素、教育因素以及休闲娱乐因素等等，决定了其服务产品有着高附加值。

(2) 大量回笼货币，平衡国内供求

国内外旅游总人数出现了大幅上涨，并且将近一半的都是处于休闲、游览、健身等目的。冰雪体育旅游能够刺激居民消费，使得消费领域进一步拓宽，以促进人们转变以往的消费模式与消费结果，确保人们对健康、审美、教育等方面的需求能够得到很好的满足，还有助于优化城乡居民的消费结构，加快资金回笼速度，平衡国内供求。

(3) 为社会提供了大量就业岗位

冰雪体育旅游行业属于具有综合性特征的服务行业，主要是提供劳务服务商品，以满足游客在冰雪体育旅游活动中的各方面需求。因此，该行业的发展将会为社会带来更多的就业机会，吸收更多的劳动力。旅游业在为社会提供就业机会上有着非常重要的作用。

(4) 促进改善投资环境，推进对外贸易合作与交流

冰雪体育旅游者，不只是有体育领域的相关专家，还有其他领域的专家，他们之间的交流丰富了彼此的信息，使得我们能够加强和外部世界的相互了解。同时，也能够加深国外的游客对中国投资环境的了解，能够进一步促进双方的合作与交流，有助于建立良好密切的合作关系，促进中外在科技、文化等多个领域的发展融合。并且，这种民间友好交往可弥补官方渠道的不足，发挥重要作用。

3. 冰雪体育旅游的人文价值

(1) 了解国家的传统文化，具有良好的人文教育作用

冰雪体育旅游在加强各国人民的沟通、相互往来、互相学习等方面发挥着桥梁作用，也是联系各民族优秀文化的重要纽带，并且在缓解民族对抗冲突、消除区域矛盾等方面都有着非常重要的作用。

（2）有助于弘扬民族传统文化和提高资源的利用

各民族由于所生活的政治环境、文化环境、经济环境等方面的不同，而逐渐形成了不同的民族文化，并且都有其独有特征。冰雪体育旅游属于体育文化的重要组成部分，凭借传统民族文化所具有的独特魅力来吸引来自不同国家、不同民族的游客，以此在加深各国之间、各民族之间的文化沟通。而这种沟通方式促进了民族文化的进一步传播，使得民族文化的功能得到更好的发挥，有助于弘扬优秀的民族文化，比如中国的功夫、舞龙、气功等，将会依托冰雪体育旅游而向全世界传播。

（3）有助于加强冰雪体育旅游资源的保护与发展

新中国成立以来，我国多次拨款用于修复民族体育古迹，如少林寺等，通过冰雪体育旅游能够多方筹措资金对冰雪体育旅游资源进行开发和修缮，同时加强人们的保护意识。

（4）有助于科学技术的传播与交流

冰雪体育旅游不只是一种文化现象，还发挥着文化载体的作用。冰雪体育文化还为社会文化的交往和沟通发挥了媒介作用，对科技的传播与交流同样有着重要作用。并且，在现代冰雪体育旅游业的发展中充分运用了各种科技手段，来促进产业发展，为社会提供服务。这个过程也加快了科学技术的传播。因此，现代冰雪体育旅游不只是从先进的科学技术中受益，还成为传播科学技术的重要方式，能够进一步促进科技发展与进步。

三、冰雪体育旅游的功能

本文从微观、宏观、中观三个层面分析了冰雪体育旅游的功能：即对冰雪体育旅游消费者个体所发挥的功能、对国家所发挥的功能、对产业自身及其他关联产业发挥的功能。针对不同的对象，所起到的主要作用也会有所不同。

（一）补偿、满足功能

1. 体验的流变及冰雪体育旅游体验的内涵

冰雪体育旅游对消费者个体产生的影响，与消费者畅爽体验的获得有着非常密切的联系。本质上分析，获得畅爽体验是消费者选择体育旅游的直接目的。19 世纪中期之后，尼采、柏格森等进一步推动了体验的发展，相关论述也达到了巅峰。这一阶段，西方国家面临严重的生存危机，整个社会充满了荒诞、虚无，并且这种情况越来越严重。对于这一情况，以"静观"表述一种体验，以突出寄生命之意。显然，在这个时期，也是人们在面临生存危机时于哲学层面的反射。

席勒意识到了现代工业文明与科技对人类本性造成了摧残，由此而感受到"完整体"在被逐渐分割。对此感到十分痛心，因此，认为可通过体验来使得被分离的理性本能与感性本能实现重新融合。故此，席勒将体验放到了非常高的地位，尝试以体验来解决当前的社会问题以及人身问题。但是，这些围绕体验做出阐述的美学家、思想家所做出的体验的界定并不统一。体验贯穿于整个人生中，并且永不停歇。只要是存在生命的个体，都会受到体验的影响，都会留下痕迹，进而使得该生命个体今后的行为受到影响。这也体现了体验的重要意义。

体验，属于个人的经验过程与结果，因此，体验是别人无法替代的，仅有自己才可体验发生的事情。此外，他还提出，在一定程度上，体验的过程是可以被推动、组织、引导的，即是有一定的可驾驭性的。可通过创造良好的条件来推动这一个过程尽量向着我们所希望的目标转变，而不是向着病态或者是违背社会的方向发展。

体验，实际上是一个心理过程，在这个过程中实现了对生命、生活的建构与解构。可将旅游体验视为人们面对现实的困窘时作出的积极应对，面对这种困窘，为了解决、为了摆脱，旅游者追求本真的体验。旅游体验的作用不只是体现在个人上，对于整个社会，旅游体验都有着非常突出的作用。不同的个体所需要的体验也是不同的，而不同的体验对社会、对个体带来的影响、产生的意义也是不同的。

综上分析，很难对体验做出统一的定义。因为不管是哲学家还是心理学家在对体验进行阐述时，都是基于其专业视角展开的。不过结合上述分析能够发现，他们对体验的阐述存在一个共同之处，即：都提出在终极价值上，体验是对平庸的超越，也是生命的礼赞、人性的回归。按照他们的观点，对于消费者个体来讲，旅游体验不仅包含娱乐因素，还具有求知因素，具有多种功能。

因此，本文认为冰雪体育旅游体验，是利用体育这一介质实现的一种对常规体验的挑战或否定，存在于社会中的部分群体，并且热衷于追求冰雪体育的体验与生命的价值，这部分群体希望在冰雪体育活动中来表达自己情绪极端发散的一种倾向，以及那种在和谐平衡中无法得到的生命本性的张扬。基于某种角度来分析，这也是一种叛逆的体现，追求的是个性的自由、回归原始的体验。整个过程可能会带来痛苦，但是通过这种体验，个体可从中感受到自己与世界完全融合的畅爽体验。

2. 畅爽体验的获取与对自我匮缺的补偿

分析冰雪体育旅游的产生根源。现代社会，一些群体热爱冰雪体育旅游、追求畅爽体验的现象是存在其社会文化背景的。从 19 世纪中期到 20 世纪中期，这个时期西方面对现代性的困扰，"极端体验"开始萌发并且获得快速发展，并且逐渐对现代人的生活与价值观念产生了重要影响。随着工具理性对社会的浸入，人们所生活的世界逐步纳入到了"科层制"的统治下。基于这种社会背景，催生了极端体验的文化思潮。当代都市人面对巨大的压力，为了能够解放自己、获得人性上的自由，开始将兴趣转移到体育活动中，由此，使得冰雪体育旅游受到了越来越多人的青睐。城市社会中，城市生活单一、枯燥，为了摆脱这种束缚，一些人群开始在闲暇时间走到户外，希望能够通过探险、滑雪、飞翔等冰雪体育旅游活动得以释放自己并感受到畅爽体验。因为这种冰雪体育旅游体验可回答康德提出的所谓终极价值的问题，故此，越来越多的现代人倾向于选择冰雪体育旅游，尤其是那些有着较高学历背景、收入可观的、爱好体育的年轻群体，并且逐渐发展成为一种时代潮流。

人们在冰雪体育旅游过程中，一方面会不断寻求超越自我，另一方面，会努力实现对本我真性的认同与坚守。可利用审美过程来实现这些目标，也可选择体验的方式来实现，或者是通过极端体验来实现。这个过程，人们可能进入到一种暂时的癫狂、妄为或者是沉醉的状态中，而这种体验、这种状态是利用大众体育旅游所无法获得的，这种畅爽体验也是人们的追求，也是人们消费偏好得以满足的时刻。除此之外，冰雪体育旅游还会使参与者从中获得身心的补偿。

参加冰雪体育旅游的游客有一些是为了实现对自我匮乏的补偿。一旦人们的心理和生理结构失衡，就容易产生焦躁、不安等情绪。个体处于这种张力状态下，会想方设法想要解决，寻求化解途径。而冰雪体育旅游活动有着与大众体育所不同的独特的运动属性，能够帮助人们缓解这种压迫，调整其失衡状态。人们在参加冰雪体育旅游的过程中可使人性、人格与人体重新归于平衡，由此，实现了对自我心理与生理匮乏的有效补偿。

当然，这种补偿可能为多种形式，可能体现在人际关系方面，也可能体现在身体机能方面，还可能表现为环境认知等等。冰雪体育旅游属于一种休闲活动，和劳动是相对的。而对于个体来讲，休闲与劳动所带来的心理与生理上的感受是截然不同的。冰雪体育旅游是欢快、休闲、刺激的，参与其中的人感到自己置身于一个全新的世界。对于高端体育旅游者来讲，因为冰雪体育旅游提供了在山川、森林等环境下的体育活动，符合其预期，置身其中，自己的身心能够得到调节。个体处于这种原始、宁静的环境，观赏或参与到各种刺激惊险的或是让人沉醉其中的各种高端体育活动中，将会给旅游者带来前所未有的畅爽体验，由此，使得身体机能以一种自然的状态得到调整，实现自我的回归。

基于体验的角度来分析，冰雪体育旅游还有助于孤独症的治疗，并且在这方面的作用十分突出。基于更高的层面分析冰雪体育旅游体验所发挥的情感调剂作用可以发现，基于不同目的参与冰雪体育旅游的个体所追求的旅游体验也会有所不同。如果旅游者希望借此摆脱所有的羁绊，那么他所追求的就是出世的体验。如果希望能够逃避孤独、恢复社交关系，则旅游体验发挥的作用就是关系补偿。人们通过参与冰雪体育旅游，与他人进行了积极的交往与密切的接触，在游戏过程中重建其社交，从而增强了个体的社会认同感与归属感，进而增强了安全感。如此一来，人们可利用冰雪体育旅游来修复关系网络。

3. 消费空间的区隔与符号消费偏好的满足

消费社会学的研究结果显示，消费空间的分化是消费分化中最为明显的一个方面。消费者的收入水平、社会地位及其消费观念都会对其消费行为产生影响，也因此，在经济收入、社会地位等方面存在差异的个体，所形成的消费中心也会有所不同。因此，因为消费中心不同，消费环境、场所带来的消费体验也会存在明显区别。故此，在现代消费中，如消费空间、消费环境等都属于非常重要的影响因素。而消费空间为商品的附加符号，消费空间自身也是一个消费符号。而随着消费空间成为附加符号，更加凸显了其分类功能。

现代城市是一个空间层面形成的社会实体，而部分是社会学意义上形成的空间实体。这一点表明，社会意义是空间自身最开始就具有的特征。故此，各消费场所自身就具有空间分化的功能。空间在社会关系的演变中所发挥的作用并不只是静止的平台、容器，社会空间处于变化。基于这个角度来讲，可将社会空间理解为空间的等级。

实际上，中国的体育消费空间，受到消费理念、经济等诸多因素的影响，已经出现了十分明显的阶层区分，即城市中产阶级与富裕阶级。这也意味着冰雪体育旅游群体已逐渐进入到这种分化空间中，而且这种消费空间的整合还会加速而表现出聚合效用。

可将消费空间分为两种，即私人消费与公共消费空间，而冰雪体育旅游消费属于公共消费空间。对体育旅游的发展历程进行分析可发现，冰雪体育旅游消费空间的内涵、结构等和社会关系、社会过程存在着十分密切的关系。实际上，体育旅游消费空间出现了分化与区隔。而在不同的区隔空间所联结的消费群体也会存在差异。经过多年的演变之后，冰雪体育旅游消费的内涵也在不断发生变化，并且其内涵已经不再是简单的体育旅游行为，它已成为社会高阶层人士所偏好的旅游方式，或者说特权，而不再是日常体育消费的内容。当代社会中，冰雪体育旅游者也正是利用区隔消费空间，来使得自己的符号消费偏好能够得到满足。

从20世纪中后期开始，中国中产阶层的符号消费已形成了消费区隔。对于那些依旧处于温饱线上的国民来讲，冰雪体育旅游消费还属于奢侈消费品，同时，对于符号消费，冰雪体育旅游消费的态度与程度也是区分时的重要方面。可能某个个体自身并未达到富裕水平，但是可能会出现消费行为。不过这种行为并不是长期的，而只是基于特定条件下实现的特殊行为，而非习惯性行为。

根据人类文明的进化史分析，可将冰雪体育旅游视为一种文化，这是一种融合了文化、艺术以及经济行为的综合体。虽然人们无法看到、摸着，但是它的确是存在的，并且时刻在对人们的生活产生影响。冰雪体育旅游产品不只是具有普通产品的价值，还具有很大的附加值，即能够在一定程度上宣示拥有者的社会地位，比如高尔夫、游艇等是财富、成功、地位的代表。故此，自身作为一个现代社会符号的冰雪体育旅游产品也发挥着社会示差功能。

由于冰雪体育旅游行业是具有其特殊性的，因此，该行业的消费也存在一些独有特征。表现在，这种消费自身已认识到了体育旅游商品的符号价值，并且开始投入并被足够重视。但是，与此同时这种消费更加重视符号所代表的实体物质，如可靠、安全。

我国的中产阶层经济基础都较好，因此，当冰雪体育旅游产品价格发生波动时，他们的反应并不是十分敏感，不过也不能做到彻底忽视。故此，对于中产阶层而言，这种消费属于一种变通性符号消费。基于某种角度来讲，这种消费对中产阶层来讲具有一定的"炫耀性消费"的意味，然而，和其又不是完全相同的。炫耀性消费指的是那些有闲阶级以有意脱离生产来炫耀自己的权力、财富而进行的消费。按照这种观点，这种消费行为并不是简单为了满足自己的需求而进行的消费，而更多的是通过这种消费行为来获得荣誉。故此，这种消费的一大特征就是通过耗费非必要的、奢侈的商品来促进消费。对比炫耀性消费和经济上的"有闲阶级"，两者都是以消费来实现社会区分，这一点是有相同之处的。不过，两者所采取的方式以及具体的内容是存在明显区别的。例如冰雪体育旅游，对于那些属于社会新中产阶层的群体而言，更多的是希望通过消费来炫耀自己在社会地位、身份等方面的优越，而非经济方面；同时，受到经济水平的限制，这种区分也无法达到极端。

实际上，中产阶层更加希望的是通过冰雪体育旅游同时兼顾符号消费的实用性与炫耀性。结合我国当前的发展情况来分析，纯粹注重炫耀性功能的，主要是经济新贵，而非新中产阶层。

（二）优化产业结构功能

冰雪体育旅游有助于体育旅游产业结构的进一步优化，由此，来使得我国体育旅游业获得更好的发展并日益壮大。结合实践情况来分析，在整个的体育旅游产业体系中，冰雪体育旅游发挥着非常重要的作用。这是由于不管是对于消费者还是对于国家，冰雪体育旅游的影响都不是直接实现的，而是通过对整个产业结构的优化来间接对国家、个人产生影响。国内对此给出的概念可谓大同小异。将其理解为旅游行业结构：构成旅游业的交通、餐饮等各部门、各行业在整个产业经济发挥的作用、经济技术上的比例结构，即为旅游产业结构。王大悟等对此做出的表述为：旅游经济中各地区、各经济成分、各部门以及各环节的构成与彼此之间相互牵制、相互联系的关系，主要包括产品结构、地区结构、行业结构等。

因此，结合上述分析，在本文中对体育旅游产业结构的界定为：围绕体育运动的旅游业内部，各行业间的经济技术联系与比例关系。按照该定义，明确了体育旅游产业结构包括地区结构、产品结构、组织结构、行业结构等。同时，体育旅游产业结构会因为受到多种因素的影响而导致其产业结构发生变化。研究结果显示，体育旅游的产业结构因为冰雪体育旅游的兴起发展而发生了很大变化。部分群体对体育旅游产品的多元化需求促进了冰雪体育旅游产品的产生，这也是体育旅游产品升级优化所导致的。同时，冰雪体育旅游将会推动体育旅游产业结构的优化发展。其一，体育旅游业的市场需求存在着较大的自发性与随意性，市场机制是调节供需的主要方式，因此，其市场导向特征十分明显。我国国民经济获得了快速发展，经济体制改革逐步深化，社会中涌现出了一大批的新中产阶层，社会中的富裕阶层与中产阶层总规模在不断扩大，对高端产品提出了更高的需求。在这种背景下，也出现了冰雪体育旅游消费需求。而市场需求的变化，也对体育旅游行业产生了影响，尤其是整个的产业结构也因此受到了较大影响。这种影响表现在多个方面，包括高档宾馆加快建设、景区开发加速、冰雪旅游设备产能提高等多个方面。其二，很多地方政府都认识到发展冰雪体育旅游的重要意义，因此，投入了巨大的热情来进行规划、设计，为该新兴产业的发展投入了大量资金，也会对体育旅游产业结构造成一定影响。基于市场经济运行机制，任何产业的发展都需要投入相应的生产要素，而市场中的生产要素会流向那些能够带来更高收益的部门。对比大众体育旅游，冰雪体育旅游能够创造更好的收益，能够吸引大量的生产要素。如此一来，这种生产要素的大量投入也会对体育旅游产业结构及总量造成影响，而且还会对其内部结构与运行效率造成影响。

冰雪体育旅游资源呈现出不均匀的分布特征，因此，不同地区所具有的资源禀赋也是存在差异的。那些资源条件并不好的地区，在该产业的发展上会遇到较大的问题，而那些有着资源优势的，则能够得到更好的发展。然而，面对日益多元化的冰雪体育旅游消费需求，一些地区开始加强对冰雪体育人文旅游资源的开发和利用，使得冰雪体育旅游产品得以进一步丰富。从经济学角度来分析，产业结构的优化是在某种措施下通过对产业内各行业的发展速度、水平、规模等以及各行业之间的联系进行调整，使之发生变化，使得产业结构更加合理化而实现的。而上述这些地方政府所采取的行为，使得冰雪体育旅游业的发展具有了更加明显的多元化特征，体育旅游产业结构得以优化，体育旅游业的宽度也得到了极大地拓宽，体育旅游产业也得到了更加深入地发展。

可利用优化生产要素组合来推动产业结构的优化，提高其合理性。目的是提高旅游资源的开发效率，使得整个旅游供给体系更加合理、完善，形成新的产业发展格局，形成更加高级、更具效率的结构，使得体育旅游业所具有的功能能够得到充分发挥，进一步提升整个行业的效益水平。优化体育旅游产业结构也是促进产业发展、打破当前发展瓶颈的重要途径。如海南、北京等地区都围绕冰雪体育旅游制定了发展规划，这些都说明了我国正在逐步优化冰雪体育旅游产业结构。

（三）促进产业集聚功能

冰雪体育旅游所发挥的产业集聚作用，指的是冰雪体育旅游行业与其相关行业的聚集、优化联系的实现过程，产业集聚是随着产业发展到一定阶段而必然会出现的产物。反映了为了使人们消费冰雪体育旅游产品的需求能够得到满足，围绕体育旅游企业，通过提供各种冰雪体育旅游技术、产品技术资金，围绕各生产要素的优化组合而形成的包括旅游餐饮行业、购物行业、交通行业等配套产业间的产业链关系与集聚水平。对我国冰雪体育旅游的发展情况进行考察能够发现，冰雪体育旅游产品的开发与销售，使得体育旅游产业的产品结构得到优化，地域结构也得到优化。也正是基于这些优化，进一步增强了冰雪体育旅游产业的集聚效应，聚集了越来越多的相关产业，使得我国体育旅游产业的规模实现了壮大发展，整个体育业也在这种集聚效应的影响下不断壮大。

1. 完善产业结构，提高劳动生产率

不管是哪种产品，其开发与销售都需要多个部门密切配合才可实现。对于冰雪体育旅游产业而言，所提供的主要是冰雪体育旅游产品与服务，该产业具有综合性特征，因为其涉猎广泛，涉及多方面的旅游要素，包括餐饮、住宿、观光、运动等，而这些旅游要素彼此之间存在着十分密切的联系，围绕旅游者的消费行为，通过高效合作使得旅游者能够获得更加高质、更加具有针对性的高端服务。故此，由于冰雪体育旅游产品的构成要素具有多元性特征，决定了其集聚范围是非常广的，即具有很强的集聚效应。可将该产业的聚集作用总结如下：

第一，聚集那些直接从事冰雪体育旅游产品供给的企业，主要包括高级旅游宾馆、冰雪体育旅游景区、快速旅游交通等产品和服务企业彼此交叉、互相融合。

第二，汇聚那些直接为消费者提供产品或服务的体育旅游企业，如旅行社企业、旅游中介机构等会彼此牵引、互相聚集。

第三，以间接方式为冰雪体育旅游者提供高端服务、产品的，处于供应链上游的企业，如为冰雪体育旅游企业提供各种旅游设备、配套服务、零部件等企业或专业的供应商彼此聚集。此外，还会汇集那些其他以服务冰雪体育旅游企业为主要业务的相关服务机构，比如专业媒体、高级培训机构等，也会聚集起来。

第四，吸引那些为旅游消费者供应相关服务的知名机构或企业，比如金融企业，为冰雪体育旅游且有提供金融、汇兑等服务，以及为其提供安全、医疗服务等内容的相关机构，在集聚效应下彼此聚集。

总之，冰雪体育旅游产业有着非常突出的集聚效应，由此而带来的影响也是十分明显的。一方面，聚集相关产业，能够使得冰雪体育旅游产业结构体系得以优化、趋于完整。不只是会促进整个行业的服务质量的提升，并且还可利用集聚效应来使得相关企业的成本得到更加有效控制，进而提高其经济效益水平。此外，在这种产业集聚效应下，还会创造更多的就业岗位，吸纳更多的社会剩余劳动力，提高社会就业率，劳动生产率也得到提高。

2. 创造优良环境，促进实现相关产业的整体发展

通过产业集聚效应，不仅能够加强冰雪体育旅游企业与其他企业之间的合作与交流，彼此之间的竞争也会进一步加剧，从而促进冰雪体育旅游产业不断的创新发展，进而使得集聚区的效应与知名度得到进一步的提升，由此，冰雪体育旅游企业的营销费用将会降低。研究结果显示，利用冰雪体育旅游产业集聚效应打造的产业链条，有效降低了供应链中各企业之间的交易成本，引入了大批的专业人才与著名服务供应商，而且，还通过知识外溢效应与人才流动使得冰雪体育旅游目的地的综合竞争实力得到提升，进而为整个体育旅游经济的发展提供了良好的发展环境。除此之外，充分发挥产业集聚效应，还使得相关产业获得了很好的发展。冰雪体育旅游所带来的产业集聚效应，使得产业链中各企业之间的联系进一步加强，生产要素的流动成本，以及中间产品的价格水平都有所下降，进而为冰雪体育旅游企业带来了更加客观的外部效应，充分发挥企业规模经济的优势，进而使得

集聚中的企业都可从中获益。

冰雪体育旅游产业集聚产生的经济效益还会使得更多的企业向该产业集聚，从而进一步提升冰雪体育旅游产业集聚力，进而促进体育旅游产业的更好发展。

（四）提升国家实力

冰雪体育旅游的快速发展，吸引的不只是国内游客，还有大量的国外游客，为中国带来了更多的外汇收入，国家的综合经济实力也得到了显著提升。此外，冰雪体育旅游还为各国之间的交流发挥了沟通桥梁的作用，使得中国的世界影响力进一步提升，软实力得以提升。

1. 吸引境外游客，获得更多外汇收入

一个国家的外汇水平可在很大程度上反映出其国际支付能力以及经济实力。面对日益激烈的国际市场竞争，对于政府而言，想要获得更好的发展，就需要不断开发能够带来外汇收入的途径。通常，国家可通过三种渠道获得外汇收入：一是，通过国家贸易获得外汇，即出口商品；二是，非贸易收入，如通过国际保险、利息、旅游等得到外汇收入；三是，外来资本收入，指的是通过投资和贷款获得收入。综上分析，冰雪体育旅游业为国家带来的外汇收入属于非贸易收入部分。故此，就冰雪体育旅游在创汇上面发挥的作用来讲，和高端产品出口创汇作用是一样的。

冰雪体育旅游对外出口的属于无形服务，因此，也不会面临货物运输损耗等问题，并且对于购买旅游服务的旅游者而言必须来到旅游产品的生产地才可消费。故此，冰雪体育旅游出口能够减少运输、仓储等费用。而这些都决定了与一般的出口产品相比，冰雪体育旅游只需承担较低的换汇成本。毫无疑问，与其他产业相比，冰雪体育旅游在非贸易创汇中具有的优势更加明显。

大力发展旅游业，将其作为我国经济发展新的利润增长点，推动了我国旅游业的进一步发展。随着我国居民收入水平的提高，居民的闲暇时间也在不断增多，对旅游的需求越来越大，基于这种形势，我国旅游业得到了快速发展。伴随着公众对体育功能认识的日益深化，体育旅游业开始受到越来越多人的欢迎，尤其是 2022 年北京冬奥会的承办，极大地推动冰雪体育旅游产业的迅猛发展。由于冰雪体育旅游具有高品质、高消费的特点，因此，与一般的大众体育旅游相比，冰雪体育旅游具有更大的吸引力，可使得更多的境外冰雪体育旅游爱好者来到中国，带来更多的外汇收入。就其本质来分析，国家之所以需要获得较多的外汇收入，主要是为了能够回笼资金。因此，冰雪体育旅游对于加快资金回笼速度、平衡国内财政收支等发挥着非常重要的作用。尤其是国家所具有的物质商品投放能力相对较低的情况下，利用冰雪体育旅游可引导消费者进入到高端消费领域，进而可更快地回笼资金。

2. 改善国家形象，提高国际声誉

国家形象，指的是人们通过各种渠道对一个国家的总体感知，包括主观上的，也包括客观上的。国际声誉，指的是国家将本国在经济、文化、科技等方面取得的成果投射到他国而塑造出一种理想的国际形象。很多国家都会以各种方式提高自身声誉、改善国家形象，旅游就是其中一种比较重要的方式。通过这种方式可赋予本国形象更强的吸引力，这种改善国家形象的行为在世界各国中是十分常见的。

随着改革开放政策的实施，以及我国对外开放程度的不断加深，过去的因对外封闭而具有的神秘感在经过了释放之后，其魅力正在逐渐减弱，同时，整个国际旅游业的竞争形势日益激烈，我国入境市场份额开始有所下降。不过，因为我国的旅游贸易服务总量是在逐步上升的，故此，我国与世界之间的关联程度日益密切。面对国际金融危机，很多以旅游业为国民支撑产业的国家因此而受到了较大冲击，其地位也发生了变化，在这种情况下，我国的冰雪体育旅游业反而是一路高歌，获得了快速发展，在全球旅游业中也发挥着日益重要的作用。结合这种发展形势，很多国家在确定其旅游发展规划时，会重点分析中国旅游市场，而且还结合中国旅游市场的特征进行了有针对性的产品开发，确定了相应的营销策略等问题。

现代社会，中国的冰雪体育旅游消费群体在不断扩大，而且已经形成了全球化冰雪体育旅游的客源格局。通过来自全球各个地区游客的"口碑效应"，中国也获益很多。并且境外爱好冰雪体育旅游的消费者对中国的认识也发生了转变，正在对中国良好形象做重新解读，而进入到国际冰雪体育旅游中的中国游客，则成为我国形象的代表，将优秀的中国文化带到全世界，扮演着友好使者的角色。使得旅游目的地的民众加强了对中国的认识，引导外国游客对中国的良好形象做出正确的解答。

四、冰雪体育旅游的特征

人们通过冰雪体育活动，能够锻炼自己的身体、陶冶自己的情操，通过冰雪体育旅游能够获得不一样的体验。而且，冰雪体育旅游不只是具有体育旅游的基本特征，还具有冰雪的特有属性——季节专属性。结合已有的有关体育旅游特征的研究文献，可将冰雪体育旅游的主要特征概括如下。

（一）体验观赏性

可在冰雪旅游的过程中欣赏到体育赛事、参与各种体育文化活动、富有地方特色的体育竞赛等，使得冰雪旅游者能够感受到冰雪体育运动所具有的独特魅力，感受到丰富的冰雪体育文化内涵。

（二）健身娱乐性

借助当地所具有的冰雪体育旅游资源，开发与游客需求相匹配的各种冰雪体育旅游产品，游客在参与各种冰雪体育活动的过程中，从生理到心理都能够获得愉悦感，进而增强其体质。故此，基于体育运动为主的冰雪体育旅游俨然成为了重要的冬季休闲方式，游客在参加冰雪体育活动的过程中可实现健身、娱乐等多重目标。

（三）专业高质性

一些技术性较强的体育旅游项目如滑雪、冰球、花样滑冰、冰壶等，对项目的参与者与组织者都有一定的专业要求，要求其具备较高的专业素质。而且，因为冰雪体育运动有一定的技术要求，并且还具有一定的惊险性、审美性以及艺术性特征，人们能够从中获得精神上的极大丰富。因此，游客在冰雪体育旅游中能够更加深切地感受其所蕴含的冰雪体育文化内涵，给游客带来更加充实的旅游体验，这种独特的魅力耐人回味。

（四）惊险刺激性

冰雪体育旅游与普通的旅游最大的区别就在于冰雪体育旅游活动一般都带有惊险体验、低温刺激、独特专属等情感体验。如大型冰滑梯、高山滑雪、打雪圈等，都具有一定程度的惊险刺激感，也能给游客带来特有的冰雪体验。

（五）教育互动性

冰雪体育旅游活动与体育旅游一样都具有社会教育作用，在旅游活动中能够达到寓教于游、提高自我的目的。此外，在参与体育旅游活动时，还可帮助参与者掌握一些冰雪运动技巧，增强个人体能，获得相关学科的知识，培养其合作与竞争意识。此外，在这个过程中，可促进旅游者身心的均衡发展。并且，冰雪体育旅游活动还具有互动性，参与其中的游客与观看者之间、对手之间能够进行良好的互动沟通，从而吸引更多的参与者。

（六）季节周期性

在大自然馈赠的天然冰雪资源条件下，冰雪体育旅游项目具有周期性再利用的特征。这种只有在冬季或室内冰雪场馆才能具有的特质，比如冬泳旅游项目，只有在10℃以下的低温水环境里，这种对身体的刺激和锻炼是别的环境无法替代的，旅游参与者在零度以下环境内包得严严实实，看着冬泳爱好者淋漓尽致地畅泳的感觉是其他季节无法感受的。

第二节　冰雪体育旅游的消费特征

一、冰雪体育旅游的外部消费动因

（一）宏观经济因素

随着我国改革开放政策的实施推进，国民经济获得了快速发展。在这个时期，中国经济保持高速增长，并且未来发展预期良好，我国成为全球范围内经济发展最富活力的地区，同时也成为旅游业快速发展的国家。假如中等收入阶层在消费上具有的发展型、享受型特征，推进了我国消费结构的进一步变化，呈现出更加个性化、多样化的特征，那么，形势一片大好的经济和社会发展，以及迅速发展、日益成熟的体育旅游市场，成为我国体育旅游发展规模不断扩大与快速转型的重要推动力，也为冰雪体育旅游提供了有利的外部条件。因此，根本上来讲，国内经济的快速发展是催生冰雪体育旅游业萌发、成长的重要因素。

（二）社会因素

基于社会学的角度来讲，消费同时具有经济属性与社会属性。对于体育消费也是如此，随着社会经济的快速发展，社会结构随之发生变动而引起了社会分层，从而促进实现了体育旅游消费分化，也是催生冰雪体育旅游的重要因素。社会共同体中，分化的主要表现体现在三个维度上，即权力、声望以及经济。从经济维度来看，社会分化导致了阶级的产生；从声望维度来看，分化的结果是地位群体；而权力维度上的分化表现为政党。因此，这一思想属于三位一体的多元分层思想。按照这一观点，生活方式会受到很多因素的影响，包括经济水平还有社会声望、职业、政党等诸多因素。而地位分层也是在诸多因素的共同作用下产生的，并且消费与生活方式是主要的区别标准。

目前，我国所处的社会环境下，诸多因素导致我国的社会分化问题日益严重。据统计，我国的城市人口在全国总人口中所占比重仅为40％左右，其中约有20％为中产阶层，社会阶层结构表现为"金字塔型"结构。依据韦伯的理论，受到声望、职业、家庭出身、经济等诸多因素的影响，导致处于不同阶层的民众其支付体育旅游消费的能力是有所不同的。面对社会阶层分化，必然会导致体育旅游消费的分化。

货币具有的客观性代表其是具有非人格化特征的，隐去那些事物的形态、特征以及实质，而且还导致了理性精神。并且，这种理性精神对日常生活的影响与渗透就表现为无风格化的特征。然而，对于社会群体而言，基于其在社会地位上的差别，要求以不同的风格进行区分，因此，人们希望通过对消费产品的更新来体现其独特性风格。此外，时尚是社会各阶层都有权追求的一种生活方式，本质上看，每种时尚都表现为社会阶层的时尚。时尚的作用是多方面的，不仅能够使得社会各阶层之间保持和谐相处的氛围，而且还可适当分离这些阶层。也可将时尚理解为某阶层的特征，可用于与其他阶层进行区分。中上阶层群体一直以来，为了能够彰显其独特风格所采取的主要方式就是更新消费。就体育旅游消费而言，中上阶层也是以消费时尚为目标。而冰雪体育旅游这种高端消费产品正是为了满足该群体的需求而产生的，中上阶层在整个社会中处于主导地位，利用消费冰雪体育旅游产品的方式不只是能够彰显其独特风格，还可利用这种高端消费的方式来区分自己。同时，其他阶层会逐渐开始效仿这些消费冰雪体育旅游的群体。就本质来讲，中国的冰雪体育旅游消费会使得既定的社会圈子紧密程度增加，还会使得该圈子和其他阶层圈子更好地分离开。

整体来讲，个体的消费习惯、消费方式、消费品味等在一定程度上体现了其社会地位。个体的社会地位从每个细节中都能够体现。就某群体来讲，消费模式是该群体区别于其他阶层的一种行为规范。消费，也是各类群体获得社会认同的重要手段，具体来讲，进行的消费应当与群体所处的社会地位是一致的。显然的，之所以一些人对冰雪体育旅游十分青睐，主要是因为，通过这种高端产品消费可彰显其地位，对于结构变动中自身地位的提升也有着一定作用。当今社会，公民的社会地位、自我价值的意识也开始逐步增强，由此，高端体育旅游消费这种体现其社会地位的消费也开始随之产生。

在对有闲阶级进行分析时，应当将其所有权与消费联系起来进行分析。对于这种阶级来讲，和财富有着十分密切的联系，并且，财富自身带有荣誉性，财富的拥有者也因此而获得荣誉。有闲阶级的产生属于经济现象，并且与炫耀性消费之间有着十分密切的联系。财富是获得荣誉感的重要基础，亦是满足自尊心的重要手段。

基于这种观点，唯有通过消费这种方式才可使得价值博取尊荣的作用得到充分发挥，上层阶级以炫耀性消费的方式来体现其社会地位。对于社会个体来讲，只是有了财富与权利并未意味着就能够得到尊荣，除了财富权利之外，还需要能够给出证明，而上层阶级就是利用炫耀性消费来给出证明。当代社会，奢侈消费本质上是想要使自己所消费的财物在等级、数量等方面达到一定的标准。个人的生活水平主要取决于其所处阶层认可的标准。因此，社会成员会选择以炫耀性消费来维持、体现其社会地位，故此，成员所属社会阶层的消费水准会对这种炫耀性消费造成限制。诚然，在中国社会快速发展的过程中，居民收入水平不断提高，中层阶级人数不断增加，这个阶级得到了更多的财富，同时也产生了追求尊荣的一种需求，中层阶级迫切希望利用炫耀性消费彰显其财力与权力。而冰雪体育旅游作为消费产品具有高贵特质，而成为该阶层人士满足其心理诉求的重要方式。

从本质上看，冰雪体育旅游消费属于他者引导的活动，其中，消费者维持、彰显其社会地位的心理诉求发挥着重要作用。分析冰雪体育旅游消费者潜在的消费动机，是同一阶层成员之间的模仿与争胜。实际中，那些处于其他阶层的成员为了提升自己的地位会下意识模仿该阶层成员的消费行为，模仿其消费冰雪体育旅游这种高端产品的行为，而对于那些中上阶层来讲，为了维持自身的优越地位会不断尝试新的高端体育旅游产品。

社会主义市场经济环境下，尽管消费结构的差异不能全面反映阶级差异。不过，消费结构的差异能够体现为消费者社会地位、经济收入的差异。因为个人的教育经历、生活经验、家庭出身等各因素的互相作用共同影响了成员的文化品味，故此，所处阶层不同，对应的阶层意识、匹配的文化品味也有着较大不同。就体育旅游消费来讲，消费主体的消费实践会受到阶层意识、文化品味的影响，由此，而使得所处不同阶层的社会成员其对应的体育旅游消费模式、消费水准也是不同的。具体来讲，那些一般收入水平的群体，更多的是选择大众体育旅游消费；而对于社会中上层阶级而言，会更加青睐冰雪体育旅游产品。

为了能够使得自己的社会地位能够得到提升，打破既定的地位规范，十分重要的一点就是消费的提升与生活方式的提升。故此，作为经济收入快速提高、社会地位显著提升的中上阶层的社会成员而言，冰雪体育旅游这种高端消费与该阶层的文化品味是相适应的，也因此而成为该阶层成员提升、维护、彰显其社会地位的重要方式。这种炫耀性消费十分常见。而这种现象在社会结构快速变化、中上阶层群体不断发展的阶段也是较为普遍的，包括发展初期社会中普遍存在的奢侈消费以及中国采取一部分人先富起来而产生的那批先富起来的人们进行的非理性消费都属于奢侈性消费。社会中，某一阶层社会结构的变化会对其在社会中的地位产生影响。此外，受到"财富唯有以消费的方式才可带来更高的社会地位"这种理念的影响，社会阶层中，那些资本拥有量在不断提高的，会加大对体育旅游消费的资本投入力度，目的是通过这种炫耀性消费来得到社会认可，进入到更高的社会阶层。

之所以说冰雪体育旅游在中上阶层得以流行，主要是因为其所处的阶层地位，或者说阶层地位是导致这一现象的重要原因。结合实际情况来分析，受到制度因素的影响，我国大多数经济资本掌握在很少的一部分人手中，即富裕阶层以及中产阶层，因此，这两类阶层在社会中有着更高的地位。处于富裕与中产阶层的成员受到社会地位以及其他各方面因素的共同影响，决定了富有独特性的体育旅游消费习惯。而进一步的，追求时尚的生活方式与消费行为也会受到这种消费习惯的影响，决定了这类人群对冰雪体育旅游的偏好。在消费习惯的作用下，中上阶层对冰雪体育旅游消费的追求和偏好是具有一定的相似性的。之所以会存在这种相似性主要是由于阶层的社会成员迫于压力而与所属阶层的体育旅游消费方式保持一致。并且这种一致还会逐渐内化为一种阶层内的行为原则，进而对冰雪体育旅游消费产生影响。

（三）交通、技术因素

交通因素也是影响国内旅游业发展的重要因素，包括区域旅游开发的不断深入、三大旅游市场的建立等等，这些都和交通条件的改善有着十分密切的关系。可以说，国内交通体系的发展与完善，为冰雪体育旅游业的发展提供了重要保障。交通的完善发展，使得我国冰雪体育旅游产业的服务供给能力得以快速提升，整个产业体系日益完善。假如认为航空交通的发展使得世界成为"地球村"、使跨境旅游更为容易，那么，交通体系的改善则是冰雪体育旅游得以实现的重要保障，或者是为此提供了可能。特别是最近几年，国内交通事业呈现出日益快速的发展趋势，取得了十分突出的进展。如公路交通体系，高速公路交通体系越来越完善。

需要重点注意的是，近几年来，国内高速公路的快速发展，极大地推动了冰雪体育旅游产业的发展。随着京津城际、郑西高铁等高铁路线的开通运营，中国高铁由"追赶"跨越到了"引领"。当前，从全球范围来看，中国的高铁投入运营里程居于第一位，确定了我国在该领域的领头地位。基于这种背景，我国立体交通网络得以极大完善，传统的空间概念被进一步压缩，旅游目的地与客源市场之间建立了更加紧密的联系。交通条件的改善，使得游客可达性大大提高，花费在旅途中的成本也得到了有效控制。消费者参与冰雪体育运动的热情也得到了极大提升。

除此之外，计算机通讯技术的快速发展也推动了冰雪体育旅游的发展。计算机技术与现代信息技术的飞速发展，促进了信息产业的发展，旅游电子商务在这种形势下得到了快速发展，而这也是推动冰雪体育旅游业发展的重要驱动力。我国已有 500 多家旅游网站可为用户提供咨询服务，包括食、住、行、游、购、娱等多个方面。可将旅游网站分为四类：第一类为门户网网站的旅游频道，如新浪、网易等都有专门的旅游频道，为用户提供有关旅游景点、路线等方面的信息，但是无法为用户提供整套的旅游服务，同时，由于专业资源支持相对不足，导致其竞争力较弱。第二类为传统旅游企业自行建设的网站，比如青旅在线等等。尽管这类网站上提供了非常多的旅游信息，还可对自我进行宣传，不过所提供的旅游服务还不够全面。第三类为专业旅游网站，比如西部旅游信息网等，这类网站通常都会风险投资，其可为消费者提供个性化的服务，与消费者进行有效的信息交互。因此，能够据此而占领一定的市场份额，与前两类相比，竞争力要相对更加突出。第四类为有着政府背景的 ASL 网站，具有代表性的如金旅雅途网。这类网站并不直接为用户提供旅游服务，即自身没有旅游业务，而是为旅游业提供了一个平台，为旅游企业解决其面临的网络营销以及管理等诸多问题。

随着管理信息系统被越来越多的旅游企业所使用，旅游企业的管理效率、经营效率得到了极大提升，也进一步推动了冰雪体育旅游行业的发展。当前，国内使用较多的系统包括中央预订系统、旅行社信息管理系统等等。通过引入这些系统，很多操作在家中就可以完成，而不需要进入到旅游企业的实体店铺中，比如车票预订、旅行路线规划、预订酒店等等。旅游者可通过电脑、电话、微信等实现。如此一来，极大方便了旅游者的出游，冰雪体育旅游者在旅途中花费的时间越来越短，不仅是为消费者提供了便利，还使得旅游业各相关部门的工作效率得到极大提升。这些都说明，现代信息产业已成为推动旅游业发展的重要驱动力量，使得冰雪体育旅游产业的规模进一步地扩大。

二、冰雪体育旅游的内部消费动因

(一) 个人收入

市场经济的快速发展，会带动国民收入水平的提高，而这也是旅游业得以繁荣发展的重要前提，是促进居民进行旅游消费的重要因素。此外，收入水平还会受到工作岗位的影响，而且也会影响到个人的消费需求以及旅游消费偏好。冰雪体育旅游属于高端消费产品，对于那些低收入人群而言，显然这种高端消费是难以实现的，即要求具有一定经济实力才会进行的高端消费。故此，基于某种角度而言，个人或家庭具有可观的收入水平，这是其进行冰雪体育旅游消费的重要前提。

对旅游活动的发展史进行分析能够发现，居民收入水平的提高是国际大众旅游得以兴起的重要因素，两者有着非常密切的联系。如果国家获得了快速发展，国家经济水平快速提高，会使得国民收入水平得到提高，进而为旅游业发展提供了良好的物质保障。20 世纪末期，中国随着改革开放政策的实施，国民经济获得了快速发展，由此而带动了居民收入水平的提高，这也成为了促进我国冰雪体育旅游活动产生与发展的重要因素。

1. 收入的提高为冰雪体育旅游产业的发展提供了物质保障

西方经济学研究领域，认为家庭收入可分为两部分：第一部分为可支配收入部分，指的是从收入中扣除各种税费之后的收入部分；第二部分为可随意支配收入，指的是将纳税、社会消费、生活必须消费等全部扣除之后的收入部分。我们日常中所说的"闲钱"指的就是第二部分收入。冰雪体育旅游消费的产生与人们的"闲钱"水平有着非常密切的联系。假设其他条件保持相对不变，那么居民消费冰雪体育旅游产品的可能性以及消费水平直接取决于个人的收入水平。

此处所讨论的收入与冰雪体育旅游消费之间的作用关系，是局限于冰雪消费旅游者而言的，这类群体大部分为消遣型或家庭及个人事务型旅游者。而对于那些社会体育旅游者、高端公务体育旅游者来讲，因为可以享受到费用报销或者是其他的补贴优惠，此时经济收入就不再属于参与这种高端消费活动的必要条件了。

收入水平的作用不只是体现在它是个人或家庭消费冰雪体育旅游这种活动时所必须具有的经济条件，还体现在一旦收入水平达到某个临界值，那么收入水平的提升会导致冰雪体育旅游消费以更大的比例出现扩增。如果家庭的收入无力支撑其基本的生活消费，那么家庭用于旅游的收入是非常少的，可以说很少会选择旅游。随着家庭收入水平的不断增加，用于旅游的支出水平就会出现快速增长的趋势。事实上，收入水平不只是会对冰雪体育旅游的产品消费数量产生影响，还会对消费档次、消费结构产生影响。可支配收入水平的增加，使得居民对体育旅游消费的需求出现分化，进而影响其消费结构。较高的收入水平为人们消费冰雪体育旅游提供了物质保障，由此而促进了冰雪体育旅游者的产生。

2. 收入分配制度为冰雪体育旅游消费提供了一定数量的主体

随着改革开放政策的实施，我国的收入分配制度尚不完善，那些只是依靠劳动获得收入的群体，其实际收入的增长是相对有限的，那些持有资本的群体得到的收益水平在不断提高。也因此，我国存在着十分严重的"利润蚕食工资"现象，国民收入差距不断扩大，社会的大量财富被少数人所掌握，由此，而产生了社会阶层，这部分掌握了大量财富的少数人就构成了高收入阶层。尽管这部分人在我国的总人口中所占比重并不大，不过因为我国有着比较庞大的人口基数，因此，这部分人口的总数量还是非常大的。同时，一些有着高学历的人才，利用其特殊技能，也通过工作获得了丰厚的收益，而构成了社会的中产阶层。中产阶层也追求高品位生活，而且比较偏好冰雪体育旅游产品，并且愿意为这种高价格、高品位的产品承担消费支出，由此而催生了冰雪体育旅游活动的产生和快速发展。

（二）心理因素

1. 冰雪体育旅游消费的心理倾向

心理倾向，指的是心理因素以可被人们所感知的一种方式而表现出的某种表面特征。因此，具体到冰雪体育消费者的心理倾向指的是，在消费这种产品的过程中，消费者的心理偏好、心理倾向会受到很多因素的影响，包括教育水平、社会地位以及财富水平等等，因此，不同的消费者其心理倾向也会有所不同。

（1）对冰雪体育旅游产品自身的特质持以满意态度

这种心理倾向指的是，旅游者之所以会选择冰雪体育旅游产品，主要是因为对旅游产品的活动内容、旅游路线以及设备的精美等特质，基于这些属性特质而选择购买旅游产品。但是，和产品的知名度、程度等不存在直接关联，而只是将其视为陪衬或者是参与体育旅游活动的门槛条件。因此，大部分消费者之所以会选择冰雪体育消费主要是因为满意该产品本身的特质。

将具有这种消费倾向的消费者进一步划分为两类人群：第一类消费者爱好实际，对于这类消费者来讲，是基于自己对这种产品的判断而选择消费冰雪体育旅游产品，而不是因为其外在名声。第二类指的是经济水平一般的消费者，这类消费者只是偶尔会购买冰雪体育旅游产品，并且当其认为这种产品为"必需品"时，消费行为才会发生。就整体上分析，这些消费者的心理都是注重实惠的。在购买冰雪体育旅游产品的消费者中，这种偶然消费的群体所占比重是相对较小的。

（2）通过消费冰雪体育旅游产品享受由此而产生的优越感

基本上所有的人都喜欢保持、享受优越感，虽然这种优越感可能并不是真实的存在，也可能是虚妄的幻象，但是几乎所有的人都会有这种偏好。就实质上来讲，优越感是对个体生活价值的体现。事实上，不同的个体对于优越的内容、优越的表现等都是不同的，认为只要是能够让自己看起来高人一等的都可成为体现优越感的载体，比如职业、外貌等。而对于那些爱好高端体育旅游产品的消费者而言，冰雪体育旅游可使其感受到优越感。有这类消费倾向的冰雪体育旅游者会更加关注该产品的内在特征，认为该产品不只是单纯的一种体育旅游产品，通过消费该产品，自己可享受到尊贵服务，从这种尊贵服务中能够让自己感觉自己是成功、高雅的社会人士，基于这种刺激性心理暗示而带给消费者一种优越感。

（3）欣赏冰雪体育旅游产品的文化内涵

对于这类消费者而言，选择购买冰雪体育旅游产品，更多的是因为对产品的文化内涵或者说产品所体现的一种生活品味的喜欢，对产品自身的喜欢反而是相对次要的原因，更多的是对其文化内涵的喜爱。冰雪体育旅游产品和一般的大众体育旅游产品是有着较大区别的，尤其是那些成功的产品有着鲜明的文化内涵，经常会跃然产品之上而对消费者产生较大的吸引力。这也是体育旅游企业致力于实现的目标，是企业所期盼的最高经营境界，冰雪体育消费者的情感会受到这种境界的影响，对于有着这类消费倾向的旅游者来讲，本质上是通过冰雪体育旅游产品来实现"以物明志"。即希望能够通过这种产品具有的高品质、高品位来对消费者自身所普遍拥有的进行装饰。因此，不同的消费者其消费诉求是有所区别的。例如，高尔夫与滑雪旅游两类消费者，在性格和品味上是存在很大区别的，并且其文化背景和阅历也是有着较大不同的。主要是因为，这两种体育旅游活动各自所传达的文化内涵是不同的，从侧面将消费者的信息传递给他人，装饰了消费者的门面。

很多词语都可用来对冰雪体育旅游的文化内涵进行描述，例如，坚持、勇气、张扬、尊贵、享乐等等。一些冰雪体育旅游产品有着非常丰富的精神表征。因此，冰雪体育消费者基于其各自心理特质上的不同，决定了其偏好不同的精神特征。不过最终，这种偏好都会表现为消费者对某冰雪体育旅游产品的忠诚，甚至于一些消费者会将其作为弥补自身空虚的载体，而成为消费者持续购买该产品的长久驱动力。

2. 心理动因

实际上，所有有意识的行为都必然是有理由的，尽管可能对于旁人来讲，这个理由是十分荒诞的。而消费也属于有意识的行为，不管是冲动型的还是理智型的，所有的消费行为都是存在其内在动因的，即是在内在动因的驱使下采取的行动。冰雪体育旅游产品的消费行为也是因为心理动因，只是不同的个体其心理动因是有所不同的，主要的心理动因有如下几种：

（1）感动于冰雪体育旅游产品的艺术魅力

这种蕴含于冰雪体育旅游产品中的艺术魅力，不只是与企业自身审美定位有着较大联系，与消费者的艺术修养、审美能力等也有着较为密切的联系。如果消费者有着比较高的艺术修养，将会感动于产品的艺术魅力，留下深刻的影响。

基于这一点，体育旅游企业作为产品生产者，为了能够吸引更多的消费者，赋予冰雪体育旅游产品更加鲜明的艺术魅力，会将产品作为一个艺术品来精心打磨，以不负消费者对产品的高端定位。通常，在冰雪体育赛事中，参赛运动员优美的动作、精湛的表演会深深感染观众，而让观赏者沉浸在这种艺术美感之中，还有一些消费者则在自然环境中、在冰天雪地下，让自己融入自然中，感受自然之美，不只是陶醉于各种优美的自然景色中，还会因为那些高端、精良的运动装备而赞叹不已，将冰雪体育旅游产品视为精美的艺术品。如此一来，这些精致高端的冰雪体育运动器材、设备，以及消费者所处的环境，将成为一道靓丽的风景线，散发出了一种让人感动不已的艺术魅力，吸引了大批的冰雪体育旅游爱好者。这种美妙的景观中，这种或宁静、或壮观的环境下，将会给置身其中的旅游者带来强烈的视觉冲击与艺术感染。而这也是企业精心打造的冰雪体育旅游产品所希望消费者能够感受到的。冰雪体育旅游者可谓是在优良的基因基础上，融合人类智慧而打造的，给消费者带来的感官体验与艺术感染是能够超过区域界限、民族界限的，而成为所有冰雪体育旅游者的共同财富。消费者从冰雪体育旅游产品中所感受到的这种独特的艺术魅力，丰富了消费者的旅游体验，而且也满足了旅游者的审美追求。

（2）为获取同一群体的认同而附庸

人类是具有社会属性的，人类是不能脱离社会的，而这种属性也决定了社会成员归属于某些社会圈子中，通过消费一些与某圈子所匹配的、富有特征的产品，能够从外在上更好地被这个圈子所接受，由此而拓宽个体的社交范围。因此，为了能够获得同一社会群体的认同，会将消费目标定位于那些能够帮助其拓宽社交关系或者是使其社交表现更为出色的产品、服务。而冰雪体育旅游可谓是健康、活力、成功的代言，而且从该产品开始产生起就有着十分出色的表现力，故此，对于社会中上阶层来讲，不只是可通过消费冰雪体育旅游产品来彰显自己的身份和地位，还可将其作为社交平台。因此，为了使得同一群体更加认同自己，彰显自身财力或地位，消费者会基于这一动因而参加冰雪体育旅游活动，进行人际交往。同时，为了向他人证明自己消费的体育旅游产品是高端产品，他们会精挑细选体育旅游的产品和工具以及服装，以突显其高端，同时，在选择体育运动设备时，也会如此。

（3）为引领时尚潮流所推动

时尚的主要特征为：较为短暂的时效、追随效仿等，表现为人们对某外表模式的追随、效仿，时尚也可称为流行。当代社会，各国之间的经济往来、文化往来日益频繁，各国之间的交流也在不断地加深，在这种时代环境下，流行的范畴也越来越宽泛，其内涵更加丰富，如冒险、睿智、高尚、成功等，甚至于还发展成为一种生活方式。冰雪体育旅游是高端体育消费产品，是体育旅游行业时尚的引领者。那些爱好体育旅游的社会成员，通过消费冰雪体育旅游，以使得自己获得一种走在时尚前沿的满足体验。而且，这种流行趋势还会由上到下的传播、蔓延，而逐步扩散到社会中，成为社会时尚现象。通常，这种流行现象具有跨阶层的特征。如果社会形成了这种风气，对于那些中上层人士而言，冰雪体育旅游消费是提高自身社会地位、展示自我的重要方式，能够彰显出自己在某个领域取得的成果，并且还可借助冰雪体育旅游消费力来将这种成功展示出来，以此来对其他的社会成员造成影响。基于此，对比普通的社会阶层，那些手中社会资源更加丰富的冰雪体育旅游消费者会更加强调个性化，并且冒险精神也更加强烈。从客观层面来看，这些群体追求走在冰雪体育旅游时尚前沿的心理诉求，构成了促进冰雪体育旅游活动得以发展的重要推动力，也为国内体育旅游产业的发展注入了生机。

（4）因价值认同而需求

很多因素都会对个体价值观的养成造成影响，包括所处的生活环境、接受的教育、社会地位等等。如果社会成员之间有着相同的价值认同，那么将会使人们获得信任、支持、认同。比如为了交换经济资源的工作圈，以及为了进行知识交流的求知圈，为了拓宽生活的兴趣圈等等。同样的，受到相同的价值认同的影响，会使得那些为了能够享受同质的冰雪体育旅游活动的人群而汇集在一起。

　　事实表明，价值认同并不是一件十分容易的事情。就人类个体来讲，其价值观的形成需要经过三个阶段：遗传家教因素——社会经历修正——模仿反思调整。遗传家教因素是影响人类价值观的重要因素，在遗传家教的影响下，人类个体的审美情趣、兴趣爱好等得以初步形成。而后，当个体离开家庭步入社会参加工作之后，在工作、生活等各方面的影响下，其价值观会进一步发生调整。最后，人们会选择那些与自己有类似价值观的群体为参照，深入分析自己的性格，这些综合起来就形成了个体的价值观。虽然冰雪体育旅游活动属于商业性活动，不过就其产生的根本来分析，这种活动来源于一个人，即该活动的创始人，而且，这项体育旅游项目所蕴含的精神底蕴也正是来自创始人自身的价值观。而这种蕴含于冰雪体育旅游产品之中的价值观，和众多冰雪体育旅游消费者的价值观是一致的，也因此而获得了高端消费者的认同。因此，也正是因为高端消费者对该产品蕴含的价值观是认同的，在这种价值认同的心理下，会促使不断购买消费冰雪体育旅游产品，而后，借助这种消费来使得自己获得畅爽体验，从而在其内心深处产生对该产品品质的追捧与认同。

　　依据消费社会学理论，消费市场的波动对冰雪体育旅游产品的生产有着很大影响，即可以理解为这种产品基于利润追求以及竞争等因素的影响，面对消费市场的波动，其反应会十分灵敏，会为了满足消费者的偏好需求而不断创造价值认同。但是对于冰雪体育旅游者来讲，其消费力行为会受到区分逻辑的支配。具体来讲，指的是当个体的价值观与习惯不同时，个体的消费品味也会有所区别。因此，消费者购买冰雪体育旅游产品的动机以及心理驱动是有所不同的。基于心理学角度来分析，消费者购买冰雪体育旅游产品都是为了能够获得价值认同，这一点是非常重要的。

　　（5）因自我认同而钟爱

　　通常来讲，这种自我认同的心理体现在体育旅游消费行为中，所产生的直接后果就是个体对自我独立人格的追求和推崇，而引导人们选择购买那些和自身特质相符的冰雪体育旅游产品。对于冰雪体育旅游者而言，一些冰雪体育旅游产品的特质高度契合他们的自我认同，通过消费这种产品实现了自我延伸，在冰雪体育旅游活动中，实现了对自我反思性理解的完美诠释。综上分析，在冰雪体育旅游消费行为中，自我认同效应起到了重要作用。也正是因为这种自我认同效应，才会使得人们更加热爱冰雪体育旅游产品，也愿意为此付出昂贵的成本。

第三节　我国冰雪体育旅游发展策略

一、冰雪体育旅游可持续发展的政策导向

政府在旅游管理中扮演着非常重要的角色，政府可以通过政策、资金、立法等手段调控管理旅游业的发展，管理监控旅游规划实施过程、制定和实施行业标准等。通过引导旅游企业发展，使企业能够适应可持续发展的要求，通过吸引人才，科学规划、加强立法等手段保障可持续旅游的顺利进行。政策导向是实现旅游健康发展不可缺少的环节，是实现旅游业可持续发展的重要保障。

在北京承办 2022 年冬奥会的背景下，习总书记提出的"冰天雪地也是金山银山"，"三亿人参与冰雪"等政策导向必将助力我国冰雪体育旅游产业蓬勃发展。

（一）政府政策

1. 国家出台政策引领冰雪体育旅游发展

政府可以制定政府政策来影响或控制旅游业的发展，企业也可以制定企业内部和外部的需要，对于冰雪旅游的发展来说，建立健全完善的产业政策，为旅游企业提供公平合理的政策环境是相当重要的。

为了促进国内体育旅游产业的更好发展，政府出台了一系列相关文件，如《国民旅游休闲纲要》、《冰雪运动发展规划》、《全国冰雪场地设施建设规划》《群众冬季运动推广普及计划》、《全国冬季项目体育竞赛管理办法》、《关于大力发展体育旅游的指导意见》、《关于加快发展健身休闲产业的指导意见》等国家层面政策的实施，极大程度地引领冰雪体育旅游产业的快速发展。

2. 地方政府制定规划扶持冰雪体育旅游发展

地方政府纷纷积极响应，根据国家政策制定相应的规划与部署，积极加快冰雪体育产业发展步伐，为"三亿人上冰雪"目标的实现提供有力支持。

地方财政应该设立旅游专项资金，尤其是冰雪旅游业，增加基础性和导向性投入，对于比较落后的地区应该给予更多的优惠政策。新投资开发建设的旅游景点、兴办旅游项目或旅游企业，应参照执行有关新办企业减免企业所得税等政策，创汇旅游企业以及利用贷款更新设施、改造设备的，适当返还企业所得税。对旅游车船公司更新车辆实行税赋减免，对进口旅游大型客车适当减免关税等。

(二) 消费政策

1. 实施带薪休假制度和鼓励奖励制度，刺激旅游消费

职工在年休假期间享受与正常工作期间相同的工资收入。具体休假时间为职工累计工作已满 1 年不满 10 年的，法定带薪年休假 5 天；已满 10 年不满 20 年的，法定带薪年休假 10 天；已满 20 年的，法定带薪年休假 15 天。用人单位安排劳动者休假高于该标准的不予干涉，但是低于法定标准应按照法定标准支付未休带薪年假工资。

鼓励各类企事业单位实行奖励旅游的方式，有条件的应该制定鼓励奖励旅游的政策，促进冰雪旅游消费。

2. 完善旅游黄金周制度，促进消费

我国的黄金周制度实施以来，极大地促进旅游消费水平。特别是黄金周期间高速公路实施七座以下轿车免费通行规定，缓解铁路、航空运输压力的同时带动城市周边旅游景点消费热潮。例如，黑龙江省冰雪旅游在冬季开展火爆，在"十一"黄金周也很难开展丰富多彩的冰雪旅游活动，只有充分利用春节黄金周期间，大力提高冰雪旅游的知名度和品质，避免短期冲击，在黄金周期间内努力提高旅游的质量，保证旅游活动的安全、秩序、质量、效益四统一。

(三) 资金政策

1. 国家加大资金投入和监管力度

国家政府旅游开发应遵循基础性投入和导向性投入原则，逐步完善旅游发展资金的监管制度，开拓国际旅游市场，增加投入，设立专项旅游发展资金。扶持企业进行基础设施和基础装备的重大技术改造项目。培育全国性的旅游集团，甚至是跨国旅游企业，大力支持有条件的体育企业和旅游企业朝集团化发展。支持旅游集团的网络化发展，打击地方保护，吸引外地和国际上的旅游集团进入，形成良性竞争局面。

2. 拓宽投融资渠道

冰雪体育旅游，需要投入大量的资金，具有高投入高产出的特征，这也意味着如果缺乏足够的资金支持，那么冰雪体育旅游的开放建设将会很难顺利进行。当前，结合我国的旅游业发展实际来看，很多情况下都是由政府出资负责旅游业相关资源的开发，为了拓宽冰雪体育旅游的资金来源，引入更多的社会资金，应当充分发挥市场运行机制，逐步建立起多层次、多元化的融资渠道，为冰雪体育旅游资源的顺利开发提供重要基础。

二、冰雪体育旅游可持续发展的运行机制

(一) 地理选择机制

1. "北冰南移西扩"

中国的地域面积十分辽阔，并且全境上下跨越纬度大，从海拔走势上看，呈现出西高

东低的特征，此外，我国有 56 个少数民族，并且各民族的分布区域也有着其独立性。因此，在开发冰雪体育旅游资源时，需要充分考虑到这些因素，结合各地方的实际情况以及旅游资源的种类来合理进行资源开发。"北冰南移西扩"是指在地域上实现冰雪运动向南推移和向西部扩展的策略，应从以下几点认识：

首先要提升认识，加强政策支持力度。以体育强国为出发点，"三亿人上冰雪"为落脚点，全面实现"北冰南移西扩"；其次要尊重市场规律，逐步建立冰雪体育旅游产业链，实现自我造血；再次要培养冰雪体育专业人才队伍建设，用科学的理论去指导实践；最后形成各自主打品牌。比如冠军滑冰馆、乔波滑雪场等，为"北冰南移西扩"打下更加坚实的基础。

2. 推进冰雪运动进校园

教育部提出冰雪运动进校园，要求能够真正明白政府学校体育所做出的重要指示，做好学懂、弄通，才可切实发挥冰雪运动在增强学生体质、培养学生爱国主义与拼搏奋斗精神、建设体育强国等方面的作用。应当抓好 2022 年冬奥会这一重要契机，积极开展冰雪运动进校园，促进学校体育的改革创新，实现对社会各方力量的有效整合，形成合力加大对冰雪项目体育场馆的建设和投入力度。冰雪运动进校园能够进一步普及冰雪运动，而且还可有助于提升我国的冰雪运动竞技水平。中小学应当抓好冰雪运动特色学校的建设，同时高校应当致力于打造高水平的冰雪运动队，两者要同步进行、共同推进。逐步健全冰雪运动进校园的相关保障体系，包括训练体系、教学体系等，同时还应当将其和冰雪运动产业以及国家的冰雪运动发展规划有效结合，促进我国冰雪运动体制机制的创新，吸引更多的社会资源。

冰雪运动进校园不仅能为我国冰雪运动打下坚实的基础，而且极大地增加了冰雪体育人才的选拔范围，可以通过推广旱地滑冰项目，以多种形式在全国大中小学广泛深入地开展冰雪项目，并能储备大量冰雪后备人才，拉动冰雪体育产业健康发展。

（二）法制保护机制

针对冰雪体育旅游资源开发，我国还未出台完善的法制保护机制，可以说整体上还处于研究阶段，这也对我国冰雪体育旅游的发展造成了一定影响。并且，冰雪体育旅游这种项目是具有一定危险性的，要求游客的人身安全能够得到充分的保障。对于那些已经发展较为成熟的冰雪体育旅游市场来讲，配套设施建设也已经比较完善，从业人员具有较高的专业水平，并且也制定了比较规范的管理条例，有效保证其安全性。然而，随着冰雪体育旅游的快速发展，兴起了很多探险型、参与型体育旅游项目，比如蹦极、漂流、冰雪运动等等，游客从这些运动中将会获得更加深刻的体验，这些项目也对安全有着非常高的要求。但是，由于我国当前有关该领域的相关法规还不够完善，现有的经营管理措施还较为落后，尽管已经出台了一些指导法规，比如针对漂流旅游制定的管理办法等文件，但是，整体来讲并未形成非常系统、规范的管理体系。此外，还有一些企业过度追求短期经济利益，而对项目的安全性缺乏足够的重视，对于新兴体育旅游项目的安全管理不到位，导致旅游事故时有发生。从近几年来冰雪旅游安全事件的报道来看，很多景点都曾经因为设施管理不到位而出现了严重的旅游事故。当下，人们在消费冰雪体育旅游产品时会将安全因素作为首要因素。因此，各旅游景点必须重视相关设备的维护和检修工作，冰雪体育旅游的相关设备必须定期检查，明确各设备、设施的标准，确保承载游客的交通工具、游客参与冰雪体育运动所使用的各项工具等都满足安全性要求。此外，还应当加强对冰雪体育旅游从业人员的专业性要求，以更好的保障冰雪体育旅游者的人身安全。与此同时，还应当加快完善相关法规，确保参加冰雪体育活动的游客的安全，最大程度上避免出现体育旅游事故。

（三）环境保护机制

按照传统观点，一般将旅游业视为无烟工业，并且认为旅游资源是不会耗竭的，因此，按照这个观点，旅游资源可持续性这个问题是没有讨论意义的。而这种错误观点导致冰雪体育旅游对环境保护、资源保护缺乏足够重视，而致使生态环境被破坏，导致景区的自然生态系统遭到破坏，对冰雪体育旅游的可持续发展造成了不利影响。与此同时，购买冰雪体育旅游产品的人数越来越多，而冰雪体育旅游资源出现了相对短缺的问题，也加大了交通、住宿等各方面的压力。同时，旅游目的地聚集着大量的游客，所导致的环境污染、生态破坏已经超出了该地自然生态系统的承载能力、自我修复能力，不利于冰雪体育旅游的可持续发展。故此，在发展冰雪体育旅游时，必须考虑到自然环境的承载能力，注重环境保护，禁止出现对冰雪体育旅游资源进行掠夺式开发的现象。此外，还需充分考虑到环境保护、废弃物处理等相关问题，确保冰雪体育旅游过程不会对地区生态环境造成破坏，更好地保护地区生态环境的多样性，促进实现地方自然生态环境的良性循环，使得旅游者的满意度能够不断地提升。

当前，市场经营者对开发冰雪体育旅游资源过程中的环境保护问题还缺乏足够重视，在旅游资源开发方面还存在很多问题，如过度开发、竞争无序等，冰雪体育旅游资源开发的环境保护机制尚未真正建立起来。

（四）顾客针对机制

在对旅游市场进行细分时，所依据的是消费者的消费偏好而非产品自身，即要求立足消费者的需求。消费者的消费行为特征，将旅游市场细分为多个市场，使每个市场中的消费群体有着一些相似特征。进行市场细分主要是为了帮助旅游企业更好地定位其目标市场，做好心中有数，进而为不同目标市场的消费者提供更具针对性的产品，从而尽量以较少的收入来获得最好的效果。如调查中显示，不同人群愿意参加的冰雪体育旅游项目有打雪仗、滑雪、滑冰等冰雪娱乐类项目。而对冰雪体育旅游的消费，多希望在100元以下消费，而且大多数希望在51～100元之间进行消费。

东北地区开发冰雪项目可逐步推广到港澳台以及东南亚等地区，针对消费者需求，定制个性化旅游服务，拓展冰雪体育旅游服务项目。从整体来看，我国的冰雪体育旅游目标市场主要包括：国内市场，港澳台市场，国外市场。在进行冰雪体育旅游资源开发时，针对不同的顾客群开发出不同的项目，进行不同的配套建设，现在已经是广大体育资源开发者进行资源开发的基本原则。

（五）策划宣传机制

首先，对于国内客源市场，应当加强对冰雪体育旅游的宣传，充分利用各种现代化信息传播媒介，包括报纸、网络、电视等媒体，以使得更多人了解、知道该体育旅游项目。其次，对于国际客源市场，可组织专门的旅游宣传促销团走出国门、到其他国家召开旅游推介会，以吸引更多的国际游客。此外，还可与国外旅行社建立合作关系，邀请旅行社来本国参观，以此来使我国的冰雪体育旅游景点的国际知名度不断提升，增强冰雪体育旅游资源的吸引力。

三、冰雪体育旅游可持续发展的保障措施

（一）法律保障

1. 体系化

结合当前的旅游现状，政府应当尽快制定更加有效、更具针对性的旅游管理条例，使快速发展的旅游产业与滞后的立法现状之间的矛盾能够得到缓解。通过出台地方旅游法规，不只是能够凸显当地政府对本地冰雪旅游业的重视程度，还可加强对冰雪旅游产业有效地约束与引导。以部门规章为先导，加快完善行业的进入标准以及服务标准，确保各项标准能够充分落实。以国家相关法规为基准，应当结合国家所出台的相关法规，比如冰雪体育旅游、体育产业发展等方面的法规文件，立足本地的实际情况制定冰雪旅游产业发展相关的法规文件，以提高法律规章的可行性与科学性。

2. 权威化

加大法律普及与宣传力度，使整个行业具有更强的法治观念，不断地提升旅游执法队伍整体的综合能力，健全执法流程，使各部门可实现联合执法，提高执法效果。

3. 深入化

保持稳定、良好的市场秩序，注重冰雪旅游产业的发展质量，确保游客的合法权益得到有效保障，不断完善市场机制，规范市场规则的公平性。结合实际要求制定系统法规，以有力的法律法规来积极培育良好、规范的市场规则，完善对旅游行业、企业以及从业人员的监督，促进冰雪旅游产业国际竞争力的提升。

（二）人才保障

任何一个产业的可持续发展都离不开人才的支撑，冰雪体育旅游产业也是如此。因

此，必须重视人才培养问题，以为冰雪体育旅游产业的健康、可持续发展提供重要的人才保障，为其发展提供强劲的人才驱动为目标。而教育是培养人才的重要方式。因此，要求积极开展旅游高等教育，以为冰雪旅游产业的发展提供数量和质量都满足产业发展要求的高素质人才为方向。人才开发关系到旅游企业能否在竞争中取胜。教育培训为人才培养的重要渠道，就旅游人才而言，依旧是以高校教育为主。而我国在旅游人才高校教育方面还存在不足，还需借鉴国外一些院校的做法，在现有的服务类管理专业的基础上将其进行细分，如院校可设立旅游交通等专业，还应当将学校理论教育和实践教育结合起来，以促进学生综合能力的提升。教育培训并不是简单的技术问题，更加重要的是理念上的转变。技术是很容易掌握、学习的，但是观念是很难转变的。故此，想要实现旅游人才的优化就要求将教育培训放在和市场、产品等同样的战略高度来认真思考。

（三）科技保障

为了实现旅游业可持续发展的目标必须坚持科技兴旅这一基本原则。科技保障不只是指各类现代科技在旅游业中的应用，还涵盖了管理技术。整体来看，现阶段的旅游科学研究还不够深入、系统，旅游实践的发展需求还未能切实得到满足，整体来看，理论研究依旧存在滞后问题。

1. 多学科支持

充分应用各学科知识促进旅游开发，旅游开发并不是只需要旅游知识，还会运用到多门学科的知识，有着明显的跨学科的特征，如生态、规划、文化、旅游、宗教、地貌等等，要求以多学科为支撑。

2. 信息技术

现代旅游产业涉及大量的信息，信息技术也为产业发展提供了强大的驱动力。我国旅游信息化建设水平尚不完善，还存在不足。最为突出的一点表现为各部门之间还存在信息割据的现象，彼此之间未能实现信息的高效流通。不过，整体来看，现代信息技术对旅游产业的影响在不断增强，游客在出行之前以及游玩过程中需要查询、了解很多的信息，包括景点收费、特殊节日、旅游地的习俗、餐饮住宿、商场分布等等。因此，应当尽快建立本市的旅游信息库来为本地旅游业的发展提供技术保障与支持。

3. 高新技术

旅游业通常被视为使用高新技术的前沿产业，如为游客服务的技术以及旅游开发中的技术应用等，比如安全技术、网络技术、信息系统、管理技术等。比如通过声光电技术的应用可使哈尔滨冰雪大世界呈现出更具震撼力的视觉效果，通过先进工艺的运用，能够营造更好的视觉效果，还可通过先进的技术工艺来提升景观的质量。

（四）规划保障

1. 产品多样

不只是包括产品规划、市场规划等专业性规划产品，还包含区域性的旅游规划，如制定冰雪旅游总规划，通过旅游资源的高效整合，促进该地区冰雪旅游业整体实力的提升，促进本地区冰雪体育旅游产业的更好发展。扩大规划外延，立足旅游规划，针对旅游产业相关的问题进行认真、系统性地分析和研究，如加强对旅游区域、旅游产业等的研究，可为旅游规划提供更多的理论支撑与保障。

2. 规划专家

旅游规划涉及多门学科知识，因此，要求多个学科领域的专家共同参与旅游规划，比如环境保护、社会学、经济学等多个领域的专家人士。在这些学者专家的共同努力下，运用专业的学科知识，通过科学的分析，最终得出科学、合理的旅游规划。

3. 规划以人为本

规划的各个环节、各项工作都必须坚持以人为本这一基本原则，尤其是在规划细节上，必须充分体现以人为本的理念，规划部门以及相关人员应当摆正心态，在旅游规划中充分考虑到游客的实际需求，将人的需要放在重要位置，切实实现以人为本。

4. 开发保护

成功、科学的旅游规划能够做到开发与保护并重，现代的旅游规划要求摒弃以往狭隘的保护与开发理念，将开发保护一体化作为其基本理念，在旅游规划中需要始终坚持这一理念，以促进冰雪体育旅游产业的可持续发展。

5. 规划人才

从外部积极引进高素质的旅游规划人才，同时加强本地区规划人才的培养工作，即在不断从国外引入规划人才的同时，还必须重视本国的旅游规划人才的培养工作，以引进来、走出去的方式促进我国旅游规划水平的不断提升。

6. 规划市场

在积极开展旅游规划时，应当结合《旅游规划管理办法》《旅游规划通则》等相关法规。必须由具备相关资质的单位负责编制旅游规划，这类单位有着专业的规划人员以及规划能力，能够更好地保证规划的科学性与专业性，还需结合各旅游点的不同，制定差异化的规划，另外，各地区的旅游资源类型、分布等都存在较大区别。为了提高规划的科学性，要求做到因地制宜，以提高规划的针对性，此外，在旅游规划中融入地方的特色文化，以制定出更富地方特色的旅游规划。

（五）管理保障

冰雪旅游业的发展要求必须重视旅游管理问题，做好旅游管理工作可为行业的健康发展提供重要保障。政府还应当发挥其监督和协调作用，使得旅游产业各相关部门之间能够实现高效配合，为各部门之间的信息沟通建立良好的沟通机制，形成合力，共同为地方旅游业的发展发挥作用。

完善质量监督制度，确保住宿餐饮单位达到了相关要求。加强质量监督，完善相关法规。建立游客意见投诉渠道，从中选取可行、合理的意见，以促进旅游管理工作水平的进一步提升。加强旅游市场规划，重视地区的文化建设，倡导文明旅游，树立行业发展典型，以充分发挥典型的示范引领作用，以更好带动整个区域的冰雪旅游产业的发展。注重本地区旅游从业人员专业能力以及职业道德的提升，在社会中积极开展讲奉献、讲文明等活动，通过多种精神文化活动来提升旅游从业人员的综合素质水平以及专业服务能力。重视安全管理，这也是旅游管理工作的重点内容，为游客提供有力的安全保障，明确在哪些环节存在着安全隐患，及时检修相关设备，采取安全事故报告制度，健全旅游紧急救援制度，针对曾经发生的旅游安全事故进行全面的分析，总结事故原因，就可能出现的安全事故制定应急救援机制，以确保在出现安全事故时能够及时采取有效的应对措施。促进旅游保险工作的进一步落实，为游客提供安全保障，还需注重提升游客的安全旅游意识，通过发放安全手册等方式，大力宣传旅游安全知识，使游客认识到哪些地方存在安全隐患、哪些地方属于危险区，尽可能地避免安全事故的发生。

四、冰雪体育旅游可持续发展的资源评价

（一）评价目的

旅游规划是为了通过对本地区旅游资源的分布、开发条件等进行综合性的评价分析，以为地区旅游开发的宏观规划以及相关研究提供重要依据。开发的目的，则是通过对地区旅游资源的结构、特征、性质等的调查和评价，按照所制定的旅游产业发展的宏观规划，为旅游新产品的开发、设计提供有力的论证材料，还可为已开发景点的改造和扩建提供重要依据，提高景区改造的科学性。管理的目的是通过鉴定分析旅游资源的规模、质量来为资源分级管理提供资料支撑，也可为旅游产品开发中所涉及的环境问题、产业管理问题的解决提供重要的参考资料与依据。

（二）评价的内容

1. 评价角度

可从三个方面进行旅游资源的评价：一是旅游资源的自身价值，包括文化价值、艺术价值、观赏价值等，这些因素将会直接影响旅游资源对游客的吸引力，即在一定程度上决定了其开发价值，也是影响开发效应的内力。因此，地区在制定旅游资源开发方案时，在分析开发方案的可行性时，这些因素是必须要考虑的。二是旅游资源环境状况，指的是社会环境以及自然环境等；三是旅游资源的开发条件，包括其开发现状、区位优势、市场环境等，这些也是制约旅游资源开发的重要因素。

2. 评价层次

由于旅游资源系统的时空性特征非常突出，因此，可将旅游资源评价按照其时空性划分为三个层次：一是旅游资源单体评价，指的是围绕旅游资源自身展开的评价，包括资源

的规模、分布、开发现状、性质、形成原因等；二是集合区旅游资源评价，指的是针对集合区内旅游资源做出的整体性评价，即对某一集中区域的旅游资源的类型、资源级别结构、空间组合等进行的评价。三是区域旅游资源综合评价，则是在更大的时空范围内从数量、类型、组合等角度进行的全面评价。

参考文献

[1]海梦楠.民族体育与文化产业融合发展[M].长春:吉林人民出版社,2020.

[2]钟敬秋.区域体育产业发展评价与优化战略[M].北京:中国水利水电出版社,2020.

[3]陈美红.我国体育旅游产业发展之路研究[M].北京:中国书籍出版社,2020.

[4]赵乾恩,屈佳英.体育文化创意产业发展分析与研究[M].杭州:浙江大学出版社,2020.

[5]王军红.体育健康产业创新发展研究[M].长春:吉林人民出版社,2020.

[6]谢用民.传统体育文化与产业发展研究[M].中国财富出版社,2020.

[7]刘巍.冰雪体育产业创新发展与结构优化研究[M].北京:电子工业出版社,2020.

[8]陈博.多元视角下体育产业的融合发展研究[M].北京:中国经济出版社,2020.

[9]赵永艳.旅游与文化产业融合发展研究及体育旅游竞争力提升策略[M].吉林出版集团股份有限公司,2020.

[10]王焕盛,徐晓伟.全域旅游视角下"体育＋旅游"产业创新发展研究[M].北京:北京工业大学出版社,2020.

[11]谢朝波.当代体育产业发展与体育行为心理探究[M].北京日报出版社,2019.

[12]苗苗.社会发展新常态下体育产业发展研究[M].中国原子能出版社,2019.

[13]魏建军.现代体育产业发展理论与经营管理研究[M].北京:地质出版社,2019.

[14]刘忠良.体育产业发展理论探究[M].北京:新华出版社,2019.

[15]黄海燕.体育产业发展报告[M].北京:社会科学文献出版社,2019.

[16]郭轶群.我国体育产业发展的理论与实践[M].延吉:延边大学出版社,2019.

[17]季文.我国体育产业发展战略研究[M].哈尔滨:哈尔滨地图出版社,2019.

[18]张延嘉.冰雪文化对促进冰雪体育产业发展的研究[M].哈尔滨:黑龙江人民出版社,2019.

[19]王汝尧.区域休闲体育产业发展及其市场化运营[M].长春:东北师范大学出版社,2019.

[20]汪剑."互联网＋"背景下中国体育产业发展模式研究[M].北京:经济管理出版社,2019.

[21]王康锋.体育产业的形成与未来发展研究[M].北京:中国大地出版社,2019.

[22]余丙炎.体育健康产业创新发展研究[M].北京:九州出版社,2019.

[23]孙忠利.产业融合视域下中国体育旅游的发展与治理[M].北京:人民体育出版

社,2019.

[24]陈秋丽.中国民族传统体育文化资源和产业发展研究[M].西安:陕西人民出版社,2019.

[25]钟伟.体育产业政策发展及市场化运营研究[M].吉林出版集团股份有限公司,2019.

[26]许进.体育产业的发展及市场化运营研究[M].徐州:中国矿业大学出版社,2018.

[27]胡昕.经济学视角下的中国体育产业发展研究[M].青岛:中国海洋大学出版社,2018.

[28]余少兵,朱莉.当代体育产业发展与心理学引入探究[M].北京:原子能出版社,2018.

[29]吴业锦.体育产业发展的理论与实证研究[M].北京:中国纺织出版社,2018.

[30]韩志勇.消费与当代体育产业发展新思路[M].北京:经济管理出版社,2018.

[31]李谦,吴爱利.新时代体育产业发展趋势与策略研究[M].吉林出版集团股份有限公司,2018.

[32]宋琦,李智.新时期我国体育产业发展的科学性研究[M].长春:吉林大学出版社,2018.

[33]夏洪涛,杜坤.全民健身视角下的体育产业发展研究[M].北京:经济日报出版社,2018.

[34]冯国有.中国体育产业发展财政政策支持研究[M].北京:经济科学出版社,2018.

[35]黄超,宁亮生.体育产业经济与体育市场的发展研究[M].哈尔滨:哈尔滨工业大学出版社,2018.